CONCLUSIONES

DEDICADO A MI HIJO FIDEL ALBIAC

ExLibric

PACO ALBIAC

CONCLUSIONES

DEDICADO A MI HIJO FIDEL ALBIAC

EXLIBRIC

ANTEQUERA 2025

CONCLUSIONES. DEDICADO A MI HIJO FIDEL ALBIAC
© Paco Albiac
Diseño de portada: Dpto. de Diseño Gráfico Exlibric

Iª edición

© ExLibric, 2025.

Editado por: ExLibric
c/ Cueva de Viera, 2, Local 3
Centro Negocios CADI
29200 Antequera (Málaga)
Teléfono: 952 70 60 04
Fax: 952 84 55 03
Correo electrónico: exlibric@exlibric.com
Internet: www.exlibric.com

ISBN: 979-13-87707-92-7
Depósito Legal: MA 1026-2025

Impresión: PODiPrint
Impreso en Andalucía – España

Nota de la editorial: ExLibric pertenece a Innovación y Cualificación S. L.

PACO ALBIAC

CONCLUSIONES

DEDICADO A MI HIJO FIDEL ALBIAC

Prólogo

Los cuidados paliativos tratan de ayudar a mejorar la vida de las personas en una de las etapas más difíciles de nuestra existencia. Los profesionales hemos de ser capaces de entender y dar respuesta a las necesidades de los pacientes y su familia en todos sus aspectos físicos, emocionales y espirituales. Esto implica afrontar nuestros propios miedos y el sufrimiento, y es posible por el trabajo en equipo. Uno es uno mismo hasta el último momento de la vida y cada uno afronta esta etapa como siempre ha vivido y afrontado los problemas en este camino.

Aprendemos día a día de nuestros pacientes. Paco nos muestra cosas muy importantes como son el amor puro hacia Amanda, su valentía al escribir, su inmensa generosidad por el propósito y, sobre todo, a vivir dignamente. Soy testigo del esfuerzo, corazón y rigurosidad con los que ha escrito este libro que, sin duda, ayudará a pacientes y profesionales a vivir mejor esta compleja etapa de la vida. Mi inmensa gratitud y admiración por ello.

Conchi Conde Guzmán
Médica especialista en medicina interna
y cuidados paliativos domiciliarios
Hospital Virgen del Rocío (Sevilla)

Nota del autor

Esta obra está dedicada a mi hijo, Fidel Albiac, desde la perspectiva personal de un padre. Todo lo aquí contenido responde a mi vivencia subjetiva y no pretende perjudicar a terceros.

Carta a Fidel

Querido Fidel.

Esta carta que hoy decido escribir desde mi rasgado corazón, con la inapelable contundencia que me reclama la vida, no es una plegaria pasajera, ni siquiera una confesión (aquellos tiempos se agostaron) debilitada por las herrumbrosas cadenas de las culpas heredadas.

Estas líneas que ahora, un poco antes de mi partida, plasmo en el papel son las melodías compuestas por un hombre libre, solo para ti.

Tú y yo, desde el día irrevocable de mi diagnóstico (tumores en fase tres localizados en la garganta y en la base del cerebro), habitamos en dos realidades distintas aunque sutilmente paralelas: tú, en tus inestables horizontes; yo, en mi contundente realidad verdadera. He rechazado todo tratamiento agresivo, cirugía, quimioterapia, biopsias, y me he acogido a los cuidados paliativos.

Querido Fidel, en mi tiempo constreñido por las horas que para mí son minutos, ya no hay lugar para las máscaras que todos los humanos acarreamos, cuando esperas a la muerte. Yo la aguardo de frente con la seguridad que me exijo, las mentiras se diluyen, no hay lugar para falacias, mentiras ni lloriqueos.

La vida y su compañera, la muerte, me han obligado a ser libre, verdadero, orgulloso.

Por ello, con la certeza de que cuando leas mi carta ya no estaré aquí, te abro mi corazón, mis ideas y mi cerebro, sin tapujos liberados de los velos que ocultan las realidades perecederas…

Dispones de muchos momentos hermosos para ser vividos en la compañía de los tuyos. Horas y minutos de calidad con tu esposa —a quien nunca me diste tu permiso para conocerla— y tu madre, que te lo ha dado todo, absolutamente todo.

Todo lo demás que te rodea es la suciedad del mundo al que hemos sido arrojados sin pedirlo.

No quiero que te molestes en mostrarle a ese mundo tuyo mis maldades y carencias como padre. Todos tus argumentos son ciertos y, como sabes, están publicados en dos de mis libros.

Pero hay un momento en las encrucijadas de los tiempos en el que las responsabilidades pasan a ser las tuyas, no cometas los mismos errores que yo planté por los rincones de mi corazón y mi conciencia.

Cuando mi esposa, Amanda, y yo regresamos de Estados Unidos, llegué con la ilusión de un amable reencuentro. Desde tu primer abrazo forzado comprendí que, como dijo el poeta, «no se puede abrir semilla en el corazón del tiempo».

Esto que lees no es una plegaria en demanda de amor. Es un urgente deseo de que abandones ese mundo deteriorado donde plantas tus estériles horizontes.

Eres mi hijo, sé que hay un hálito de nobleza en tu corazón y en tu cerebro.

Abandona todo lo superfluo que te rodea.

Vive solo para los tuyos, no tienes más que a tu madre y tu esposa y compañera…

Con todo el amor que no fui capaz de mostrarte…

Epílogo

En Sevilla, marzo de 2025

Hoy, 13 de marzo de 2025, hemos salido de casa en busca de un anunciado destino.

La madrugada se muestra húmeda, derrama sus líquidos cortinajes, dibuja sobre el gris pavimento de robusto empedrado filigranas perladas, que danzan y serpentean con ritmo pausado.

Los amarillentos reflejos del alumbrado trasnochado me susurran imágenes que no volverán.

Yo camino en silencio, sin eludir el envite de la lluvia. Enfrento la humedad componiendo un reto simbólico cargado de desprecio.

Amanda camina a mi izquierda con su eterno aire vibrante. Ella y yo marchamos en silencio por la deshabitada avenida, empeñados en hallar un taxi que nos deje a las puertas del hospital, donde se decidirá el íntimo veredicto.

Yo deseo cambiar las secuencias que ambos interpretamos; invoco a las míticas deidades a que me ofrezcan otros argumentos.

Solo existen la lluvia, la vacía avenida amarillenta, la tensa caricia de Amanda, y la precoz alborada que no llega.

Confesiones

El primer día

Me he convertido en un anciano decrépito a quien le cuesta caminar sin la ayuda de un bastón y del hombro derecho de mi sufrida Amanda, al que me aferro como si me fuera la vida en ello…

Mi dulce Amanda, desde el primer día en el que nos conocimos me tendiste tu frágil y firme mano para que yo me dejase llevar por todos los caminos por los que hemos transitado juntos: los escabrosos, los senderos placenteros, los laberintos levantados por la vida, y las malsanas injusticias que tantas veces nos impidieron avanzar…

Los dos aprendimos, tú y yo supimos afrontar y sortear los escabrosos escollos de las orillas ciegas.

¡Cómo podría yo partir sin dejar claramente dibujada en los tapices del tiempo tu infinita compasión por todos los seres que pueblan esta brusca vida y, sobre todo, por mi persona!

Cuando te conocí, supe que tú eras el ser que mis amables deidades me habían regalado.

La plaza y el pequeño rincón donde me emborrachaba alegremente se transformaron en los inamovibles símbolos de mi liberación.

Tú cambiaste mi condición de vagabundo derrotado en un erguido y orgulloso hombre libre. Tan solo con el roce de tus inquietos ojos, mi yo ansioso gritaba: «¡Vida, no eres nada! Tu absurdidad ha perdido su poder. ¡Desde ahora celebraré con indecible orgullo la sinfonía que compondrán mis palabras y mis libros! ¡Amanda, tú y yo somos la mujer y el hombre nuevo que desafiarán a la vida y a la muerte! A la vida, por quitar tanto y otorgar tan poco; a la muerte, por la breve complicidad de sus sonrisas».

Juntos hemos abrazado la majestad de la sonora realidad de Víctor Jara…

Yo te recordaré, tú me recordarás… Porque la vida puede ser eterna en cinco minutos.

MIÉRCOLES, 26 DE MARZO DE 2025

Adelanto la entrada de mañana miércoles al día de hoy, martes 25 de marzo.

Tengo una fuerte necesidad de escribir, y no precisamente debida a la proximidad de mi incierto final.

Temo que los ánimos que ahora poseo desfallezcan a medida que transcurran los días, que mi firmeza se debilite. Necesito salir de esta tragicomedia lo antes posible, no quiero alargar las preocupaciones y el sufrimiento de Amanda.

Son las 8:15 de la mañana, aún no he dejado la cama, no sé si brilla el sol o el cielo está gris, por ahora he emprendido la tarea de escribir esta entrada en mi inseparable diario.

¿Por dónde empezar? Ayer fue una jornada muy movida.

Amanda soporta lo mejor que puede toda esta serie de eventos que se le han venido encima tan súbitamente.

Constantemente quiero hacer hincapié en el hecho de sentirme fuerte, sin temor por lo que esté por venir. No temo a lo desconocido que espera pacientemente para hacer acto de presencia.

La vida son secuencias narradas por todos los bardos que componemos esta orgullosa humanidad, que no depara en levantar y destruir todos aquellos horizontes que nos obligan a no cejar en los paradójicos intentos de convertirnos en creadores de realidades.

Desde que entré a formar parte de este nuevo escenario de mis aletargadas improbabilidades, las ideas parecen querer fluir tímidas hacia mi conciencia exacerbada.

No soy el yo que era meses atrás, mis órganos definen las monotonías que antes nombraba (miedos). El dolor parece querer congraciarse con el (yo) consciente. Este afilado dolor que horada inmisericorde mi caverna craneal desea ser deseado. Yo me resisto y siempre acabo refugiado entre sus gélidos abrazos, porque desde lo más profundo de mi ser comprendo que para salvar el profundo abismo que me separa de la suave nada redentora, he de pagar al alado barquero que aguarda eternamente el inenarrable ocaso de los sufrimientos.

Jueves, 27 de marzo de 2025

Son las cuatro de la mañana, la pasada madrugada sufrí una crisis de dolor, por fortuna, de corta duración.

El proceso siempre comienza con una desagradable sensación de hinchazón del tumor que tengo debajo de la parte derecha de la lengua. Ese es el aviso de las descargas eléctricas en la zona parietal derecha de mi cabeza.

El dolor es metálico, desagradablemente frío, agudo, inmisericorde; suele tener una duración de entre uno y cuatro minutos, el tiempo que tarda la morfina en hacer su efecto. En ese instante, la paz liberadora.

Acabo de despertar, son las 8:30 de la mañana. He sufrido un conato de dolor que resultó ser una falsa alarma.

Me he levantado, siempre con la compañía de mi inseparable bastón, y me he encaminado muy despacito hacia la cocina. El doctor me ha dado permiso para tomar un café negro por las mañanas; desde que el cáncer se despertó en mi cuerpo, padezco de presión arterial baja. He preparado el maravilloso brebaje, que humea en el inmenso vaso de cartón reciclado que me ha proporcionado Amanda para que lo pueda beber cómodamente sin el peligro de derramarlo o quemarme la lengua.

Ahora ella duerme plácidamente a mi lado. El dormitorio se ha retraído respetuoso en una agradable negrura. El fondo oscuro de la tableta con la que escribo y mantengo esta bitácora me permite escribir con el lápiz digital, pues la página es negra, y el trazo de la escritura, blanco.

Fuera reina un silencio delicioso, el tráfago de la calle no consigue traspasar las puertas de mi casa.

JUEVES, 27 DE MARZO DE 2025

Aspiro con glotonería el aire fresco que se insinúa en el patio donde reina, dueño y señor, mi limonero, testigo de tantas horas pasadas frente a la testaruda página en blanco.

Desde el momento en el que me diagnosticaron el estado de mi enfermedad, se ha establecido en mi cuarto un aire de íntima complicidad donde solo tiene cabida Amanda.

Mi cuarto, Amanda y yo somos los tres únicos personajes de las arraigadas escenas en las que se representa el sinuoso tránsito de nuestras vidas.

Amanda es el olímpico guerrero que mantiene a raya a las ocupantes que rechinan con furia sus súplicas a la portadora de la caja que lo contiene todo, y yo, el Sísifo a punto de encontrar la salida del velado laberinto.

Todo este tiempo que me está siendo otorgado lo tomo, lo desmenuzo despacito, lo paladeo para deglutirlo con todas las fibras de mis órganos robustecidos por la espera.

Hora de clausurar la jornada, acabo de tomar los calmantes y la morfina después de haber cenado una crema de verduras (la hinchazón de la lengua no me permite masticar la comida) y una fresquita compota de manzana recién sacada del frigorífico.

Cada día requiere un poco de más esfuerzo por mi parte tragar la comida, pues la garganta se inflama estrepitosamente. Aun así los antiinflamatorios ralentizan la velocidad de la hinchazón convirtiéndolo en una simple molestia y puedo manejarlo tranquilamente.

Mi ánimo está calmado hasta el punto de que con suma curiosidad he empezado a plantearme por qué no me atemoriza en absoluto el paso que tarde o temprano habré de dar.

¿A qué viene este encarnizado desapego de mi conciencia? ¿Quiere ello decir que en el momento decisivo se vendrán abajo mis certezas? ¿Mi supuesta valentía?

Lo cierto es que estoy muy cansado, noto como las fuerzas me abandonan. De momento me recojo en mi sólido caparazón a la espera de que el sueño me venza…

Buenas noches, Sevilla…

Viernes, 28 de marzo de 2025

Son las 9:45. La pasada noche y madrugada fueron muy movidas, sufrí dos ataques del muy bien conocido dolor que siempre espera con intencionada tenacidad para hacer su entrada en la escena.

El primero sucedió después de la cena, y al cabo de hora y media, ¿o casi dos?, no lo recuerdo con exactitud, recibí otra potente descarga de dolor en el cerebro. Amanda me administró la dosis de refuerzo de morfina recetada para estos casos.

Noto que mis fuerzas van menguando más cada día, aunque ello no es óbice de que mi ánimo pierda las suyas.

He decidido a mi vez acelerar el proceso de escribir sobre estas experiencias y documentarlas exhaustivamente.

La tarde pasada, se llegó a visitarme Juan, el vecino que gestiona los asuntos de —valga la redundancia— la comunidad de vecinos. Mantuvimos una breve conversación algo formal y forzada, y se despidió amablemente deseándome lo mejor.

Constantemente me formulo preguntas que soy incapaz de responder. ¡Son tantas las incógnitas! El dato más relevante de mi estado actual se podría definir como un desapego exagerado, efectivamente es una reacción psíquica que no me permite plantear o emitir juicios referidos a la partida…

Ya ha entrado la tarde en el cuarto, Amanda dormita un tenso duermevela. Las luces del recogido salón donde ella y yo pasamos la mayor parte del tiempo, se diría que por respeto al íntimo drama que ambos interpretamos, no permiten que los rumores y los sonidos propios de una tarde de primavera de mi Sevilla interrumpan el agradable recogimiento de mi esposa.

Yo espero con mi concentrada impaciencia el día en el que las bandadas de las africanas golondrinas dibujen sus vuelos en los azules del cielo de mi ciudad.

Las tardes de primavera libres de grises componen las mágicas escenas de Sevilla que endulzaron las iras que me atraparon en las tierras extranjeras.

¡Aquel tiempo nunca sucedió!

Mis ataduras mantuvieron con rígida tenacidad el enfrentamiento entre los despechos y la obstinada aceptación de los intervalos…

SÁBADO, 29 DE MARZO DE 2025

Las seis en punto de la mañana, ¡glorioso despertar! Soñaba plácidamente que caminaba por las calles de una ciudad sin habitantes, una urbe edificada únicamente para mi regocijo, un punto primordial donde el sufrimiento no existía…

Me hallo tumbado en el sofá de la sala, todavía es oscuridad cerrada. Silencios amigos, incluso el frigorífico de la cocina ha dejado de hacer esos ruidos que emite la mayor parte del tiempo.

Domingo, 30 de marzo de 2025

¡Feliz cumple! Acabo de alcanzar la meta de los setenta y seis. Por primera vez en mi vida constato que, en efecto, soy un anciano de más de setenta años que está impaciente por abandonar el escenario para entregarse a un merecido descanso con todas las de la ley.

Ahora, a la 1:48 de la madrugada me he amodorrado durante un par de horas. La infame presión que anuncia las dolorosas descargas en la sien derecha acaba de manifestarse.

Amanda me ha administrado la morfina de rescate; ahora toca esperar a que el calmante obre su efecto, cosa que ocurrirá en dos o tres minutos —espero—.

El dolor persistió más tiempo de lo previsto, durante tres horas se quedó conmigo, esta vez en un discreto segundo plano hasta que me dormí.

Ahora, a las 8:15 de la mañana estoy en el mundo de los sonámbulos. Las fuerzas me están abandonando a ojos vista, es una constante pérdida de fluido vital, una sensación muy física imposible de atajar.

¿Es así la muerte? ¿Deberá la conciencia permitir que fluya transmutada en polvo de estrellas?…

Los poetas tenían razón, la vida es el hipnótico cauce donde las ideas navegan libres de los pesados recuerdos; el ángel y los corderos nunca fueron víctimas ni verdugos…

La vida celebra su indiferencia, crea verbos y sinfonías para todas las criaturas. El paraíso perdido del poeta es la gloriosa infinitud de la nada… Es la ofrenda en la pira sacrificial del hijo por el padre.

Domingo, 30 de marzo de 2025
Retrospectiva: el cumpleaños

Contento, afectado por una justificada hiperactividad, dejé la cama un tanto renqueante y abrí de par en par las ventanas del salón que me permiten la vista de mi limonero, las de la salida del apartamento que se asoma al pasillo que delimita la puerta de la calle y de las que se abren al patio.

Una breve brisa refrescaba el espacio donde yo celebraba la dulce calidez de mi primera mañana de primavera.

Fresco y remozado puse la música que acompañaría las memorias de todos estos setenta y pico años vividos…

Lole desgranaba los tangos donde ella se quejaba de que su chimenea estaba triste porque no tenía fuego, e inmediatamente le prometía: «Si te hace falta la leña, primo, yo te la llevo».

Manuel Molina desgarraba con esa pose icónica suya, absorto en su guitarra, los rompedores acordes de los tangos trianeros.

Yo, sin resistirme, me dejé arrastrar hasta el mismísimo corazón de las brutales urgencias de los gozosos soniquetes por fiesta.

La música se diluía, renacía sin permitir que ningún rincón del edificio quedase huérfano del mañanero regalo. Lole Montoya y Manuel Molina les cedieron el lugar a los de Sanlúcar de Barrameda: *Que se despierten los andaluces*, *Mi vida es mía*, *Fue en Sevilla*.

Sin darme cuenta abrí los ojos… y nos saludamos mi amigo Juan y su esposa, Mercedes, mi amable vecina que también es Mercedes, Nieves, compañera de Amanda, y la hija de esta, Melita, una niña de seis años que observaba con una asombrosa madurez vibrante en su mirada y en su pose de niña pequeña.

Hubo abundante comida, vinos ásperos de Rivera del Duero, cerveza, dulces, quesos, caña de lomo, y una paleta de pata negra, pero sobre todo calidez humana limpia de falsas pretensiones.

El sol estaba feliz, pues se coló a través de las puertas y ventanas y no consintió marcharse.

Durante la velada se manifestaron algunos indicios de que algo mágico iba a suceder…

Melita, la hija de Nieves de seis añitos, apareció delante de mí portando uno de mis blocs de notas, el de las páginas amarillas. Lo plantó frente a mi cara con cierta premura contenida, y apuntando con su minúsculo y enérgico índice de su mano derecha, que señalaba mis notas, preguntó con inusual formalidad:

—¿Qué pone aquí?

A lo que yo, no sin cierta sorpresa, respondí:

—Aquí escribo las cosas que estamos haciendo ahora. —Y agregué—: Hoy ha venido a mi casa para mi fiesta de cumpleaños Melita y su mamá, Nieves. Melita me ha preparado un café como los que a mí me gustan, dulce y calentito.

La niña, sin dejar de observarme con sumo interés y con un marcado atisbo de infantil complicidad, me dejó y de nuevo se aplicó a la tarea de investigar los rincones de mi casa.

Al cabo de unos minutos, regresó con otro de mis blocs de notas y planteó nuevamente:

—¿Y aquí qué dice?

En ese momento me levanté de mi silla de ruedas y me llegué hasta el mueble donde guardo mis avíos de escribir. Cogí uno de los famosos cuadernos amarillos, impecablemente nuevo, una carpeta de plástico transparente color rosa, y los deposité en sus manos advirtiéndole muy serio:

—Quiero que me prometas que en este cuaderno me escribirás un cuento de princesas, de dragones buenos y dragones malos —como queriendo ponerla en guardia sobre las paradójicas dualidades que los dragones humanos acarreamos.

Ella, firmemente plantada frente a mí, echó hacia atrás la cabeza, me miró directamente a los ojos con una firmeza que le venía de antiguo y repuso:

—Sí.

La fiesta terminó, todos nos despedimos asegurándonos más encuentros como el que acabábamos de vivir, y regresé a mi dulce soledad en compañía de Amanda.

¡Y la magia cobró vida!

Al cabo de una hora más o menos recibimos una foto de Nieves por encargo de su hija Melita, donde aparecía la primera página del cuaderno amarillo escrita con unos arcaicos caracteres que Amanda y yo pudimos descifrar a medias. Omito la ortografía y las puntuaciones a propósito:

Hola estoy en mi casa poniendo agua a lo globo de la fiesta del señor que esta resfriao y mi mama esta durmiendo dice que cuando se levante va a la cocina de mi casa es bonita y la cocina también e mu grande escribo un cuento de una reina y dragones bueno para el señor del cuaderno amarillo estoi contenta en mi casa que e grande y mu bonita adio

¡Gracias, jodida vida, por estos mágicos momentos que a veces nos regalas!

Melita había empezado a escribir un relato en primera persona, con todas las de la ley. Comenzó con la descripción de los personajes (ella) y del lugar, sin olvidar las acciones que estaba llevando a cabo…

Solo seis años y, en lugar de jugar con sus cosas de niña, se puso a la tarea de escribir el relato prometido.

Melita no podrá ser otra cosa que escritora, y cuando sea una novelista consagrada escribirá una novela al señor que ella y su madre visitaron porque estaba resfriado, quien le regaló un cuaderno y la hizo prometer que escribiría un cuento sobre una princesa y dragones buenos y malos…

¡Gracias, vida!

LUNES, 31 DE MARZO DE 2025

El día de mi cumpleaños vino y se fue marcando una fecha que permanecerá con agrado en los recuerdos de todos aquellos que la hicieron posible, pero…

Vayamos por partes, establezcamos el justo ritmo de esta entrada de mi diario.

Hoy, lunes día 31 de marzo, acabo de abandonar la agradable compañía del sueño.

Son las 6:34 de la mañana, el dolor me alcanzó después de las 12:30 de la noche precedido de varios espasmos que me pusieron sobre aviso y me permitieron alertar a Amanda, que inmediatamente me administró la dosis de rescate de morfina. El alivio llegó al cabo de un par de minutos, dormí hasta cerca de las siete de la mañana, justo ahora.

Por primera vez desde que ingresé en la Residencia Virgen del Rocío de Sevilla hasta recibir el alta para regresar a mi casa, abrí las puertas y salí al patio donde vive mi limonero.

Hablar sobre el último capítulo de la vida del ser humano es una tarea sumamente peculiar e interesante. Plantarse serenamente frente a la propia muerte no es tarea fácil ni plato de gusto para la mayoría de los seres humanos.

Nos aferramos a la vida presa de unos desesperos que suelen alcanzar altas cotas de irracionalidad.

En cuanto a mi persona, esta etapa final de mi existencia se está convirtiendo en una mágica experiencia, ansío con todas las fuerzas de mi corazón ser capaz de compartir con los demás, con la esperanza de que les sirva de ayuda o inspiración a todas aquellas personas que atraviesen por situaciones parecidas a las mías.

Quizás sea la certeza de que es cierto que esto me está pasando a mí, no al vecino o a un conocido.

Desearía plasmar en este mismo instante cuál fue mi reacción ante el primer anuncio del diagnóstico de mi enfermedad.

Me gustaría escribir más, quiero documentar este periodo de tránsito con el principal propósito de que alguien en algún momento lea estos testimonios y le aporten alivio o le inspiren para dar el salto hacia lo irrevelado. Desde estos momentos soy testigo de cómo la vida desaparece con una cósmica indiferencia, tengo la vívida sensación de haber embebido la, por ahora, «básica noción de haber aprehendido las respuestas contenidas en el Alpha primigenio». Anoche conocí los motivos de mis desagrados, las sinrazones de las obligadas inocencias.

MIÉRCOLES, 2 DE ABRIL DE 2025

Son las once de la mañana, acabo de desayunar y me he tomado la medicación. Ya tranquilo y relajado, me senté a la mesa, frente a mi computadora, e intenté escribir. Me resultó casi imposible, ¡me faltaban las fuerzas!

Estoy muy sorprendido de las experiencias que atesoro desde que esta enfermedad hizo acto de presencia.

Al cabo de las crisis de dolor que siguieron a la cena, apareció una cómoda somnolencia que me mantuvo tranquilo hasta que mis ojos se dejaron vencer por el sueño.

El ritmo de la dolencia que padezco está cambiando. En efecto, después de la irrupción del dolor, las náuseas y las molestias de la garganta, solía aparecer el compasivo sopor que me ayudaba a dormir. Ahora, ese cansancio tan esperado ha desaparecido.

En su lugar noto como mi energía se diluye, la puedo definir como si «exhalara lentamente los últimos alientos». La vida se está alejando de mí con exquisita elegancia.

Desearía escribir más, quiero documentar este periodo de tránsito con el principal propósito de que alguien, en algún momento, lea estas ideas, reflexiones, y le aporten alivio o inspiración a la hora de dar el salto hacia lo irrevelado.

A partir de estos momentos me desapego de mi cuerpo con asombrosa indiferencia cósmica.

Tengo la vívida sensación de haber embebido la, por ahora, básica noción de las respuestas del Alpha primigenio.

Anoche supe los motivos de mis' desapegos y las sinrazones de las obligadas inocencias…

Jueves, 3 de abril de 2025

Son las 5:43 de la mañana, acabo de despertar anormalmente fresco y descansado a pesar de haber sufrido un ataque de dolor un tanto perceptible gracias a la premura de Amanda en administrarme la dosis de rescate de morfina.

¡Cuánto le debo a mi querida Amanda, gracias a su entrega estoy transitando por esta situación libre de excesivos padecimientos físicos!

La enfermedad continúa su proceso. Lo más remarcable de mi sintomatología, la pérdida de mi energía física. A cambio, mis ánimos están sólidos, poseo la misma determinación que mantengo de tiempo atrás… Dispuesto a dar el último paso erguido, digno, orgulloso por haber sido capaz de levantarme cada vez que los envites de la vida me derribaban.

Dentro de unos momentos voy a tomar el almuerzo, después cerraré los ojos un rato.

Addendum:

Me resulta muy difícil decidir el destino u horizonte de mi fe, pues puede que persista un diminuto rescoldo alojado en alguno de los ácidos rincones de mi solitario carácter, al igual que una maligna bacteria enquistada en las profundidades de mi conciencia.

El hombre verdadero posee la hermosa necesidad de sentirse libre de los deseos engalanados de irrealidades.

VIERNES, 4 DE ABRIL DE 2025

Las 9:13 del día, me he levantado de la cama descansado, como nuevo. Sospecho que gracias a este proyecto en el que estoy empeñado.

Para saber qué ocurrió la pasada madrugada he de preguntar a mi enfermera particular, Amanda.

Efectivamente, la madrugada resultó bastante más movida de lo esperado: sufrí convulsiones y dolor en la cabeza (las funestas descargas eléctricas). Dormí hasta bien entrada la mañana, y desperté sintiéndome fantásticamente bien, eufórico. Me acerqué hasta la cocina apoyado en mi bastón de cedro disfrutando de antemano del inicio de mi antiguo ritual mañanero: coger una cápsula de café de la caja que descansa en uno de los armaritos de la cocina, insertarla en la pieza de la cafetera dispuesta para tal menester y, finalmente, pulsar el mágico botón rojo que en segundos cambiará a verde, y derramará el oloroso y oscuro brebaje veteado de trazos ambarinos.

VIERNES, 4 DE ABRIL DE 2025

Estos momentos especiales por los que estoy transitando me llenan de un infinito agradecimiento a la vida.

Agradezco a mis ideas la claridad con la que se manifiestan. Aprecio y valoro la compañía, el apoyo y las miradas sinceras de Juan Reina y de su esposa, Mercedes. Y, ¡cómo no!, el milenario amor que Amanda deposita sobre mi corazón a cada segundo de estas irrepetibles horas vividas.

Cada momento apurado me trae nuevas respuestas que yo degusto con verdadero placer.

2:32 de la madrugada. Me siento impecablemente bien, a gusto, relajado. No he tenido más remedio que desvelar a Amanda para que me acompañe al baño; órdenes del doctor, teme que me desvanezca como ha venido ocurriendo durante estos últimos días.

A las 9:27 de hoy sábado 6 de abril, he regresado a la cama. Amanda duerme un sueño tranquilo, cosa que me tranquiliza. De ánimo estoy fuerte, muy entero. ¡Así es como debe ser!

Voy a cerrar los ojos un rato. Seguiré plasmando en este diario la sucesión de los actos de esta íntima tragicomedia que ahora me ha tocado interpretar.

Me encuentro tan descansado, relajado y libre de sufrimiento físico que durante breves deslices de mi ego he llegado a cerciorarme de que los doctores habían equivocado mi diagnóstico, que estoy sano, solo aquejado de una dolencia pasajera. Obviamente, el espejismo se diluyó en el preciso instante que fue creado.

Pienso que este súbito bienestar se debe a ciertos cambios en la dosificación de los medicamentos efectuados por mi doctor.

Ya veremos, lo cierto y real es que cada día que transcurre, mis ideas y propósitos se fortalecen. No temo a lo desconocido, marchar es la lógica respuesta a la entropía. Los sentimientos aleatorios de miedo, ira, dudas, autocompasión son ruido blanco que interfiere con el sano proceso de la disolución en el regazo de la nada.

La fe o el suicidio no son opciones válidas para enfrentar el problema de la muerte, porque tal problema no existe. La muerte es un proceso adquirido en el momento de abrir la conciencia a la infinitud.

El propio concepto se degrada a medida que el mundo de las ideas resulta contaminado por las falacias partidistas que los múltiples establecimientos del poder enquistan en las profundidades de las conciencias, siempre orientadas hacia la conquista de nuestros deseos.

Estos fariseos mercaderes necesitan que deseemos sus deseos. El más que improbable dios de los diseñadores de dioses, lejos de suponer un alivio que dulcifique los traumáticos enfrentamientos, obra el demoledor efecto de aterrorizar el alma con los crueles infiernos, purgatorios y paraísos que nos mantendrán esclavizados a esos personajes de negro y oropeles hasta el mismo instante de la necesaria aceptación incondicional de la nada redentora.

La fe es un trauma inmisericorde, son las cadenas que nos mantienen aherrojados a los desalmados mercaderes de humo cada segundo de nuestras vidas para que estos se nutran de nuestros temores, aumentando sus arcas rebosantes de las ideas libres que nos arrebatan.

La fe adormece la capacidad combativa que late en los corazones de todos los hombres y mujeres que transitan por los caminos y senderos de la existencia.

En el lado opuesto se alza la inevitable posibilidad del abandono.

DOMINGO, 6 DE ABRIL DE 2025

Hoy he tenido una jornada apacible, no he padecido ningún dolor, he apurado la última tanda de medicamentos, y aquí estoy en la cama intentando escribir algo a la espera de que el sueño me venza.

Una profusión de encontrados sentimientos luchan por salir a la superficie de mi conciencia.

Bien es cierto que mi corazón y mi voluntad se mantienen sólidamente anclados, inamovibles; por ello, me siento tranquilo, porque tengo la certeza de que mis fuerzas no flaquearán cuando llegue el momento decisivo.

Quiero dejar bien claro en este diario que las fuerzas me vienen de antiguo, la entereza que adorna mi corazón proviene del inenarrable cansancio que arrastro desde siempre.

Este supuesto valor del que sutilmente hago gala es el producto del cansancio anímico que me invade desde niño.

Toda mi vida ha supuesto un interminable ciclo de victorias y derrotas libradas durante las batallas a las que la vida me empujaba una y otra vez. He sido un guerrero curtido y cansado, un luchador enfrentado a las inadmisibles dualidades que han adornado mis dudas y convicciones.

He sido hombre, niño y anciano. He creado mundos y universos sobre los papeles y los libros, he volado abiertamente sobre las alturas de las terrosas superficies plagadas de las estériles vaciedades de los hombres sin destino.

He vaciado mi alma una y otra vez hasta dejarla seca de sonrisas y ansiedades. He sido el profeta maldecido, huérfano de un puerto donde amarrar mis convicciones.

Domingo, 6 de abril de 2025

He apurado cada cáliz colmado de metáforas inadmisibles. He clamado a la vida y al dios solitario sin hallar nunca respuestas.

Por ello, atesoro el poder absoluto sobre mis temores y ansiedades armado con la sola protección de mi cerebro y mis ideas, y puedo gritar sin freno.

—Vida, te desafío, eres mi amante deseada. No te rechazo, no te temo, te descubro en las mañanas y en el desvelo de las horas bajas. Tú, la muerte y yo somos la trinidad subyugada, finalmente liberada de los velos de la inaprensible Isis.

La vida que seduce y te abandona, son los místicos aleteos de las brillantes alas de ébano azulenco, las iglesias y sus negros cancerberos que aguardan nerviosos e inaprensibles la entrega de las almas subyugadas por las vacuas promesas de los últimos paraísos.

Vida, yo te admito, te amo por lo que eres, el mágico milagro de tantos y tantos hacedores de inocencias. Te amo, y amo a la muerte, que tarde o temprano libera con sus puntadas exquisitas las angustias vertidas de soslayo por los caminos plagados de las malezas acumuladas por los hacedores de paraísos perdidos.

Ahora, a las nueve de la mañana, estoy sentado en mi porción de una larga mesa rectangular que se arropa contra la pared del salón, en la ventana que ofrece la vista de mi limonero.

Amanda y yo hemos quedado con Pedro y su esposa, Chari, dos buenas personas a las que quiero y respeto. Durante días ambos han estado dilucidando si visitarme o posponerlo.

Esta es una situación que se viene repitiendo muy a menudo últimamente entre mis conocidos. Las razones, a pesar de ser variadas, confluyen en un mismo punto: el desconcierto que les provoca no saber con certeza de qué manera comportarse cuando estén conmigo. Al anunciar sus visitas están temerosos de que sus comportamientos no estén a la altura de la situación.

No saben qué personaje voy a interpretar cuando me halle sentado o tumbado en la cama frente a ellos: el enfermo aferrado a su desgracia clamando a gritos que le apliquen terroríficos tratamientos, sin que importe el sufrimiento que les inflija tanto a él como a sus seres queridos al obligarlos a ser testigos del dispensable calvario con tal de prolongar su precaria estadía entre los vivos; el inagotable creyente que piensa convencido que el dios de turno tiene el poder y lo usará para obrar el milagro de borrar de un plumazo la asesina enfermedad, o, por último, el personaje que, a pesar de la fría realidad, detiene sin miramientos su cotidianeidad y decide decir «no» al odio o al resentimiento que provoca en el doliente, no aceptar la sabia indiferencia de las respuestas a las increadas preguntas sin destino.

En gente que, como yo, le ahorra a la vida los nebulosos sobresaltos ahítos de sufrimientos, y a cambio depositan la abrasadora aceptación de sus designios, sin miedos, sin ambages fatuos.

Los hombres y mujeres que, al igual que yo mismo, quieren caminar enhiestos con la dignidad que otorga la conciencia de sí mismo, de la que carecen las demás inocentes criaturas de Gaia. Deciden decir «no» al odio o al resentimiento que provoca en el doliente no aceptar la sabia indiferencia de las preguntas pasajeras.

Los hombres y mujeres que, como yo, quieren y deciden erguirse y caminar con la dignidad de la conciencia de sí, de la que carecen las demás criaturas de Gaia. Conscientes de enfrentar lo innombrable como dignos hombres y mujeres verdaderos, orgullosos, cálidos amantes inagotables de las mágicas estancias de la vida y las libertadoras ausencias de la muerte.

LUNES, 7 DE ABRIL DE 2025

Querido diario, certifico que ahora mismo son las 0:45 de la madrugada.

Estoy relajado, la pasada jornada ha resultado ser muy productiva, acabo de terminar la entrada de ayer domingo 6 de abril.

En cuanto al estado de la enfermedad, no tengo novedades dignas de mención. El tratamiento mantiene a raya los dolores y las molestias físicas. Mis ideas están muy claras, mi actitud sigue igual de firme que los días anteriores.

La obra en la que estoy embarcado continúa navegando viento en popa, todo ello se publicará póstumamente, imagino que la última reseña o capítulo deberá escribirlo Carlos Torres, mi editor; hubiera sido muy interesante poder echarle un vistazo desde allá donde me encuentre.

¡En fin! Todo está por descubrir, las inabordables escenas que están por representarse aún no han nacido, los poetas visionarios las describen desde las lejanías de las cálidas soledades.

Los recuerdos y las memorias interpretan sus dionisiacas comuniones que dibujan eternos amaneceres cincelados a fuego vivo en los cerebros de las almas por renacer, las abrasadoras sinfonías que rugirán al son de las cuentas del rosario humano que ya vibra indefinido por los pliegues de los tiempos insospechados.

De nuevo, el camello, el león y el niño apenas renacido tomarán sus lugares en los míticos Olimpos y Valhallas, surgirán sin remedio en los cerebros de las almas increadas las ardientes sinfonías que rugirán al son de las cuentas del rosario humano que vibra indefinido por los pliegues de los tiempos insospechados. La nueva vida nacerá joven y alegre, y los sutiles mantos de inaprensible polvo de estrellas vibrarán al compás de mis cantos africanos.

El dragón de doradas escamas dirá: «Tú debes». Y la gran escena del mundo reescribirá el paraíso perdido…

Despierto en este mismo instante, a las 7:50 de la mañana. La madrugada ha resultado ser desastrosa, el dolor que me invadió obligó a Amanda a administrarme en un breve espacio de tiempo dos dosis de rescate de morfina.

La descarga eléctrica me golpeó directamente en la sien derecha. Amanda vació el contenido de la jeringuilla en mi boca. Al cabo de más o menos hora y media, el dolor aumentó de intensidad, logré mantener la calma, no sin un gran esfuerzo por mi parte, hasta que me precipité en una sólida modorra que me ha mantenido sujeto al sueño.

Hace media hora le pedí a Amanda que me acompañase al baño. Camino de la cama a este, me desvanecí. Por fortuna, gracias a los descomunales esfuerzos de mi esposa logré tumbarme en el lado opuesto donde duermo en la cama y, desde allí, acomodarme en mi lugar habitual.

Estos desvanecimientos resultan particularmente incómodos e incluso peligrosos para Amanda, pues a pesar de haber perdido mucho peso —unos veintitantos kilos—, ella es pequeña y yo soy un hombre alto, así que cuando me derrumbo la arrastro conmigo y, por tanto, corre el riesgo de sufrir una desgracia inmerecida.

La enfermedad transita ajena a las dificultades que suscita, la naturaleza es así, el micro- y macrocosmos siempre adheridos a la inapelable entropía cumplen su papel con inexorable eficiencia.

«Como es abajo es arriba», Hermes siempre estuvo en lo cierto.

El vaso de café negro que estoy apurando está obrando maravillas. En mi estado la presión arterial ha subido, ya estoy prácticamente estabilizado, listo para abandonar la cama, sentarme a la mesa y trabajar con mi computadora corrigiendo y pasando a limpio lo escrito la jornada anterior.

Esta obra que escribo es la tabla de salvación que mantiene a flote mis ideas y mis ánimos, que permanecen sólidamente firmes custodiando celosamente las puertas de mi conciencia.

Dejando a un lado las terminologías y las consideraciones médicas que en algún momento aparecerán a lo largo de este relato, he preferido centrarme en la exposición del lado más humano de esta ajetreada odisea.

Ya he cenado e ingerido los medicamentos, estoy en el dormitorio tumbado a oscuras en mi cama. Escribo en una tableta que me ha regalado Amanda todas estas anécdotas y aventuras que estoy viviendo.

Si tuviera que describir en unas pocas palabras lo que siento en estos precisos momentos, diría que estoy orgulloso de mi comportamiento para con la vida.

He descubierto secretos que permanecían ocultos, soy capaz de saborear los impensables alientos que nuestra madre naturaleza exhala y rumorea a nuestros corazones desde el alba hasta el ocaso. Ahora comprendo y entiendo los reflejos que atesoran los espejos velados por la diosa cegadora.

A las 2:28 de la mañana de hoy martes 8 de abril, acabo de abrir los ojos. He hecho mis necesidades con la ayuda de Amanda, por el momento no me puedo desplazar hasta el cuarto de baño, apenas puedo caminar, y en cuanto a mantener el equilibrio… ¡ni hablar!

No padezco dolores, simplemente he despertado. El silencio es absoluto. Amanda se ha desvelado, se acurruca contra mi cuerpo. Me doy cuenta de que con sutil desespero intenta insuflarme la energía vital de su cuerpo en un vano intento de detener la pérdida de la mía, que desaparece a ojos vistas.

Estoy desvelado, tengo la urgente necesidad de escribir en este diario. Es una necesidad perentoria libre de premisas (valga la contradicción), sin angustias o ansiedades superfluas. Mi estado de ánimo es sosegado, una impresión de libertad que meses antes me hubiera sido imposible de alcanzar.

Soy consciente, sé que estoy divagando. Está bien, es justo lo que necesito, ampliar y esparcir las ideas que alborotan como los niños juguetones en las calles a la espera de los avisos maternales anunciando que la cena está servida.

Desde el inicio de esta enfermedad puedo recrear sensaciones táctiles, olfativas y del gusto.

Cierro los ojos y aspiro el aire acaramelado del jazmín de cualquiera de las primaveras vividas en mi casa de Sevilla.

Puedo sentir la caricia de cualquier rayo de sol que haya serpenteado en no importa qué esquina de cualquiera de los barrios donde yo retozaba de niño.

¡Ay, los recuerdos! Esas semillas de premuras inesperadas que me alimentaban durante las solitarias caminatas mantenidas sin desfallecer jamás.

MARTES, 8 DE ABRIL DE 2025

¡De nuevo despierto! Son las 9:31 de esta mañana luminosa que me saluda desde el ventanal de mi dormitorio.

Milagrosamente, ausencia total del dolor. Estoy muy descansado, listo para ponerme a trabajar.

Hoy tengo una nueva tarea que llevar a cabo. Montañas de papeles que gestionar y enviar a Anastasia, mi abogada.

13:51 del mediodía, ¡misión cumplida! Acabo de enviarle a Anastasia los archivos que me solicitó: una gran cantidad de documentos relacionados con la propiedad intelectual de todas mis obras, borradores y bocetos. Posteriormente trabajé algo más en mi proyecto y grabé el videoclip de mi diario, donde saludo y describo brevemente mi situación sin extenderme demasiado.

Estoy convencido de que debo documentar con todos los medios a mi alcance estas jornadas especiales. Por ahora mi prioridad se centra en llevar a buen puerto la escritura de este diario novelado. Si todo sucede como lo he previsto, habré colmado con creces la razón de mi vida.

Máscaras

Nuestras vidas visten innumerables abalorios, burdos intentos de enmascarar las irrealidades que decoran las estancias de estas.

Al cabo de todos estos días que han tenido lugar desde mi ingreso en urgencias del hospital y la posterior alta certificada por los doctores, que me permitieron regresar a casa con mi inseparable Amanda, el todo cobró una dimensión verdadera.

El conocimiento de lo que sucederá tarde o temprano provocó súbitamente la caída de las infinitas máscaras que yo había adherido a mi persona. Desnudo, desprovisto de los infantiles disfraces tras los que me cobijaba con el obsesivo propósito de domeñar las angustiosas realidades que impulsaban mis acciones.

Ya libre de las caretas, el aire que exhalaba y aspiraba estaba limpio de impurezas, fresco, disponible, lo que yo observaba (era). Desde ese momento soy el creador que crea lo observado.

Faltan pocos minutos para comenzar una nueva jornada. Descansado y soñoliento, voy a cerrar los ojos…

A las tres de la mañana he sufrido un fuerte ataque de dolor. Amanda, con suma diligencia, me administró una dosis un poco más fuerte de morfina de rescate, pero el dolor persistió con tozudez durante más de tres horas. Aparentemente, mi estado está empeorando.

He de poner de relieve que esas tres horas de padecimiento se mantuvieron en un nivel relativamente moderado. El malestar en el cerebro latía intentando en vano una rendición de mi parte que nunca llegó a suceder.

Ahora, cuando son las 6:52 de la mañana, estoy incorporado contra la cabecera de la cama escribiendo estas líneas.

Apuro un café negro, pues desde la madrugada mi tensión arterial ha estado muy baja. Amanda sabe cómo tratar estas contingencias, instruida por una de las doctoras que me atienden. Aprende rápido mi esposa, ambos somos luchadores, no nos arredran las dificultades ni los peligros; somos los sitiados y a la vez los sitiadores, siempre listos para pagar el tributo al barquero que aguarda a las orillas del Estigia.

Mientras escribo, noto como mi cuerpo retoma el ritmo sosegado que le caracteriza durante la mayor parte del día. Con pulso firme y decidido pongo en el papel lo que pienso y deseo de estos hechos que están por llegar.

Pero... hablemos de la muerte, pues al fin y al cabo es la razón del nacimiento de este diario novelado.

Un serio intento de dilucidar y comprender las claves de este paradigma e intentar interpretarlo con la necesaria contundencia.

La muerte, nunca ausente en las escenas que reescribimos una y otra vez, permanece fuera de la vista de nosotros, las vulnerables criaturas que pululamos por las estadías de los mundos y universos por nosotros creados.

Los observamos sin dejar de debatirnos en las oscuras ciénagas de sus evidencias. Reímos, lloramos, herimos y amamos incapaces de emprender el último paso que nos permitirá cruzar el umbral de las puertas de la mansión que siempre permanece abierta, como la que Buñuel, el magistral cineasta, nos cuenta con descaro en su *El ángel exterminador*. Hasta que la inseparable compañera de la vida personaliza el imprescindible epílogo ignorado.

La evidencia nos desnuda, y el alma observa sorprendida la impensable magnitud de la liberación por tantos aborrecida. La nada, entonces, despliega sus ausencias y las humanas soledades desaparecen...

Ahora mismo, a las 17:38 de la tarde, acabo de acomodarme en la cama. La jornada ha sido muy productiva, he escrito mucho y, para mi gusto, con calidad. He retomado el lápiz digital, que me permite escribir en mi tableta recostado contra el respaldar de la cama.

Me siento muy feliz porque gracias a la cuidadora que me asiste, Amanda ha podido dormir a pierna suelta desde las diez y media del día hasta las dos del mediodía, que son las horas que esta permanece con nosotros en la casa ayudándonos, ya que las noches son fatales para mi esposa, le es imposible dormir, permanece atenta a mi respiración, mis movimientos, siempre acosada por el temor de que yo intente incorporarme para ir al baño y sufra uno de los desvanecimientos que me sobrevienen últimamente, demasiado frecuentes para nuestro gusto.

Asimismo, acabo de grabar el corto videoclip de cada día (no sé exactamente el uso que les voy a dar), ya que mis esfuerzos se centran en el libro, que ciertamente está fluyendo muy bien.

Empeoro a ojos vistas; a pesar de ello, estoy convencido de que dispongo aún de varios meses para terminar los proyectos que estoy manejando.

Es una simple intuición que siento palpitar en mis entrañas, aunque no me obsesiona esta limitación de mi tiempo. Cuando sea será.

Alfonso, mi hermano, hace un rato escribió un par de mensajes a mi esposa, Amanda. Sigue empeñado en mantenerme al margen por una serie de razones muy comprensibles: miedo a no estar a la altura de la gravedad de las circunstancias, temor de contemplarse en el espejo, pues de hacerlo, pondría en evidencia la contemplación de sus cotidianos fantasmas, aquellos que acompañan a los humanos a lo largo de la vida.

Alfonso, siento que no puedas encontrar la paz de la que tan necesitado estás.

Por ahora, a las 18:03 de la tarde, voy a cerrar los ojos al menos durante una media horita.

Jueves, 10 de abril de 2025

Buenos días, diario. Son las 9:15 de una luminosa mañana que puedo sentir a través de la ventana que da al patio.

Más allá de mi patio, su banco vestido con filigranas de hierro dulce y mi limonero cuajado de jazmines.

A mi patio se asoma un colegio de enseñanza media, las ventanas de las aulas apuntan desde las alturas al salón de mi casa. Da gloria escuchar el alboroto de los críos, sus gritos, la repetición de las enseñanzas que les declaman sus profesoras.

Hoy, en vísperas de la Semana Santa sevillana, ensayan las marchas más emblemáticas que acompañarán las procesiones.

Cuando son las 17:58 del jueves 10 de abril, me he trasladado a la cama, donde continúo escribiendo en mi diario.

La jornada avanza a lomos de una inesperada tranquilidad que me tiene sorprendido…

Si no sintiese cómo mi energía vital, la fuente de la vida, me estuviese abandonando, me entregaría incondicionalmente al reconfortante consuelo de que los diagnósticos de los doctores son erróneos, que los tumores nunca existieron, o quizás se obró en mi cuerpo una cura milagrosa. Mas no es así (¡Paco, no te dejes engañar por las maliciosas fe y esperanza!). En cuestión de unos veinte días he perdido veintidós kilos, y la pérdida de peso continúa. Apenas puedo caminar por la casa muy despacito apoyado en mi bastón.

La cuidadora acaba de llegar.

Amanda ha salido feliz y contenta a tomar su clase de violín. Debo decir en confidencia que lleva un violín hecho a su medida que me ha costado un ojo de la cara, pero solo con percibir la felicidad que transmite toda ella, doy por bien empleado el gasto.

Pienso que ahora es un buen momento para charlar un poco conmigo mismo sobre el asunto que se trata en este relato.

Viernes, 11 de abril de 2025

El paradigma de la muerte natural no es el símbolo de una ingenua esperanza, muy al contrario, es una certeza lúcida emanada del conocimiento de que todo lo que vive ha de morir. Tal verdad, por mor de resultar trágica, puede llegar a ser bella, vital, creadora.

Medianoche, me encuentro perfectamente...

Ausencia de dolor, mareos o desvanecimiento, imagino que debido al cambio en la dosificación de los medicamentos, lo que me permite escribir más.

Antes de continuar debo constatar que durante la pasada madrugada no necesité las dosis de rescate de morfina.

Ya veremos cómo se presentan los días por venir, baste por ahora asegurar que estoy en mi cama escribiendo estas notas sumido en una agradable somnolencia que incluso me ayuda a concentrarme.

¡Resulta todo tan interesante!

Esta tarde caminé hasta el patio con ese paso inseguro que no he tenido más remedio que adoptar. La temperatura había subido hasta alcanzar los veintiséis grados centígrados, por lo que decidí vestir una camiseta de verano con mangas cortas. La extrema delgadez que sufro es brutalmente notoria. Ya en el patio me topé con Álvaro, mi vecino, y su hija (siento no recordar el nombre de la muchacha). Padre e hija son altos y corpulentos; yo al lado de ellos soy casi la translúcida versión de un anciano aferrado a un largo bastón de nogal.

Me impactó la expresión de sus caras al tropezar con mi aspecto, sobre todo la de ella. Los tres adoptamos la misma mueca de un desvaído gesto excesivamente natural, a todas luces fuera de lugar. Confieso que de esos tres personajes que componíamos aquella improvisada escena yo fui el menos convincente.

A renglón seguido mi vecino y yo dimos paso a una intrascendente conversación que languideció brevemente en cuestión de un par de minutos y nos despedimos no sin antes ofrecer toda la ayuda que yo necesitase de su parte.

¡Buena gente!, al igual que el resto de los que convivimos en este edificio de tan solo cinco pisos.

Son las 2:05 de la madrugada, estoy anormalmente despejado, calmo, tranquilo. He optado por seguir escribiendo hasta que el sueño haga su aparición.

Echo mucho de menos poder masticar alimentos sólidos, me veo obligado a tragar purés y líquidos, pues la lengua y la garganta están invadidas de tumores (¿pólipos?), al menos eso es lo que entendí cuando uno de los doctores me descifró el críptico contenido de las exhaustivas pruebas a las que me sometieron durante varios días; encontraron los tumores y una antigua lesión cerebral, aunque la metástasis se desarrolla en la garganta, incluso descubrieron una arritmia en el lado derecho del corazón. Repito de nuevo que desde hace dos días no padezco dolores ni ningún otro malestar físico digno de mención, todo ello gracias al magnífico equipo médico que se ha hecho cargo de administrarme los cuidados paliativos.

En los subsiguientes escritos trataré de centrar el relato abordando los diferentes estados por los que nosotros, los seres humanos, atravesamos a la hora de enfrentar el último tránsito de nuestras vidas.

Hay algo que creo haber mencionado en páginas anteriores: echo de menos no haber podido conocer a mi padre. Me resulta imposible imaginármelo, él falleció al poco de yo nacer. El rostro de mi padre, que trato de recrear en mi imaginación, es apenas una difusa silueta sin consistencia, una nada apenas pensada. ¡Me gustaría tanto compartir mis recuerdos y los de mi padre!

No tengo ninguna explicación lógica para justificar esta situación; sin embargo, su figura permanece aletargada en alguno de los intrincados rincones de mi conciencia.

Una última batalla se está librando entre mi corazón y mi cabeza, el alma y el intelecto, ambos quieren justificar sus existencias. Yo me limito a observar curioso y desapegado.

Aún es viernes 11 de abril, solo restan unos minutos para alcanzar la medianoche del sábado 12. ¿Por qué no empezar a documentar el cercano fin de semana?

He cenado las consiguientes cremas de verduras y los frescos zumos de naranja junto con las compotas recién preparadas por Amanda, mi ángel de la guarda.

El día ha sido muy productivo, he tomado notas, escrito borradores y pasado a limpio los resultados de estos, también ha surgido algún que otro poema.

Debo poner de relieve que me he prohibido terminantemente derramar o verter lágrimas solapadas por la sencilla razón de que estas no serían lo suficientemente sinceras.

A la una de la madrugada, aún despierto, escribo estas notas. El caritativo silencio dueño y señor de mi casa es absoluto, como un algodonoso manto ligero y liviano. ¡Repaso con el pensamiento tantas escenas dilucidadas por mis vacilantes determinaciones! Cuando mi tiempo semejaba transitar a través de múltiples secuencias eternizadas. El mundo —mi mundo— se debatía sofocado por las coherencias diseñadas erróneamente por mi alma.

Mis universos devenían las creaciones irresueltas del inexperto creador de vanidades que yo era. Mi corazón se nutría de las soledades provocadas por mis ansias de consuelos.

Aprendí a amar el silencio, a entornar las puertas que gentilmente se abrían a mi paso por los senderos, caminos y pasajes que me aguardaban; no desoí los cantos de las pérfidas sirenas que yacían agazapadas sobre los ásperos lechos desnudos de sus líquidas sábanas.

Fui el profeta denostado por la gente de su pueblo.

Sábado, 12 de abril de 2025

Las 13:15. ¿Estoy soñando? Desde la jornada de ayer no padezco molestia alguna, no he necesitado morfina de refuerzo, únicamente los treinta (¿o cuarenta?) miligramos de la dosis prescrita. La madrugada pasada no fui capaz de conciliar el sueño, ¡mucho mejor! Escribí, pensé, soñé, dediqué un buen número de horas a crear los universos en los que de niño me solazaba.

Fui joven de nuevo y me enamoré de los primeros amores de mi juventud, correteé desaforado persiguiendo gozoso a los chuchos de mi barrio, donde espejos y lentejuelas en los cirros algodonosos decoraban los azules de mi Sevilla, que estaba preparada para albergar las paganas festividades que veneraban a las Isis femeninas vestidas de vírgenes huríes.

El Domingo de Ramos Sevilla sería cristiana, mora y judía, y las saetas acristaladas surgirían de las gargantas de los cupidos arqueros detenidos en los balcones de la calle Parras, para que adornen de seguidillas los ojos y esmeraldas de mi Virgen Macarena.

Las 18:05, he retomado el lápiz digital, escribo recostado en la cama.

Hoy hemos mantenido una amplia videollamada desde San Francisco de Brenda, mi cuñada, y Alex, su marido, ambos estaban tristes y disgustados. Al cabo de un rato, para mi satisfacción, se distendieron los ánimos, emergieron las sonrisas, y todo fluyó agradablemente cómodo, como si la especial situación que flotaba en el ambiente no hubiese existido nunca.

Reímos, bromeamos, les anuncié que les enviaría por correo postal los seis libros que he publicado, y acto seguido nos despedimos emplazándonos para una nueva videollamada el próximo fin de semana.

Estoy agradablemente cansado. Es una sensación nunca experimentada. ¡Hay tantas cosas que deseo compartir! ¡Tantos secretos que desean ser escuchados!

DOMINGO, 13 DE ABRIL DE 2025

Otra maravillosa jornada libre de dolores y molestias físicas.

A las 0:26 de la madrugada de este domingo estoy en la cama garabateando estas pocas letras antes de cerrar los ojos para acurrucarme en este caritativo semiolvido del sueño.

He escrito muchísimo durante casi todo el día. Querido diario, ya te contaré en cuanto me incorpore al mundo de los no durmientes.

A las tres de la mañana se ha presentado el dolor en la garganta y la cabeza que ya conozco tan bien, el impacto es sumamente desagradable. Comienza con una sensación de hinchazón en la parte inferior de la lengua. En realidad, la lengua aumenta de tamaño junto con el paladar, dando como resultado que el conducto de la tráquea se obstruya haciendo que se me haga muy difícil tragar o deglutir.

Cuando esto ocurre, los espasmos eléctricos ascienden desde la base del cerebro hasta el lado derecho de la sien. Es exasperante no poder respirar por la boca, aunque lo más dramático es la dolorosa descarga eléctrica que sufro en el cerebro (no encuentro otra definición más apropiada para definirlo).

Siempre me he jactado de ser una persona que tolera bien el dolor, esto es cierto, pero este tipo de dolorosas descargas no las he padecido nunca… hasta estos días.

Amanda, cuando esta rutina se repite, me administra la morfina de rescate y me aplica un paño húmedo en la cabeza. ¡Bendita sea mi esposa! Su diligencia me libera de padecer esos sufrimientos al actuar rápidamente sin la más mínima vacilación.

Esta vez, entre la aparición de las molestias y la toma de la morfina y la aplicación del paño mojado en agua fría, consiguió que la crisis remitiera en tan solo tres minutos. Y heme aquí anotándolo en mi diario.

Ahora, a las 5:08 de la madrugada, me encuentro bien, algo tenso pero tranquilo. Amanda, acostada a mi lado, se rebulle una y otra vez evidenciando el estado de tensión que padece.

Al menos estoy envuelto en el amigable silencio de la noche.

Me gustaría continuar escribiendo, lo siento, me despido aquí de momento…

Las 18:18 de la tarde de un luminoso Domingo de Ramos en mi Sevilla. Tumbado en la cama escucho los sones de las cornetas y tambores de la banda de música que acompaña a una de las tantas cofradías que pasan desfilando por la puerta de mi casa.

Este año no va a poder ser, está bien, el espíritu festero se cuela por los entresijos de las puertas y ventanas del edificio donde vivimos los habitantes de los cinco únicos pisos que lo componen.

LUNES, 14 DE ABRIL DE 2025

Lunes de Semana Santa en Sevilla. El domingo transcurrió no exento de incidentes, al fin y al cabo esta serie de incomodidades son las que definen el curso natural de la enfermedad.

El pasado Domingo de Ramos se remojó un poco, aunque tengo entendido que las procesiones pudieron llevar a buen término sus estaciones de penitencia.

Como cada noche, he cenado, tomado los medicamentos e, incorporado a mi cama fiel a mi propósito, escribo estas letras antes de que los medicamentos obliguen a mis párpados a cerrarse. El día ha sido muy productivo y relativamente cómodo. Amanda, en el cuarto de baño, está totalmente entregada a la delicada tarea de aplicarse en la cara la múltiple colección de cremas y potingues que atesora en uno de los cajones que tiene en el cuarto de baño, al que solamente ella tiene acceso.

Lo dejo por ahora…

A las 1:49 del lunes 14 de abril, desvelado, tumbado en la cama, retomo la escritura de estas notas.

Amanda duerme tranquila a mi lado, su respiración pausada revela su estado confiado. Hemos mantenido una conversación que más bien se podría definir como «confidencias musitadas» desde los corazones que solo le susurran al alma rebosante de esperanzas contenidas en las sagradas copas vestidas de cálices arturianos plenos de magias y milagros forjados para los locos y los amantes verdaderos.

Hablamos de la muerte y los intrínsecos silencios que la definen; tildamos a los espectadores anodinos que obvian estos sagrados instantes desnudos que desprenden de sus ramas las inútiles palabras de «sin embargo» o «no pierdas las esperanzas». Como simples abalorios, coloridas cuentas de cristal que no atesoran semillas.

Amanda y yo, sin palabras, sin roces ni susurros, nos elevamos desde el alfa hasta el omega desde los cauces de las orillas de nuestras vidas.

Apenas si sentimos nuestras manos firmes: las de ella, peregrinas; casi translúcidas las mías.

Ella aceptó el profundo sentimiento libre de mi libertad apenas conquistada, yo me imbuí del terrenal poder de sus fieras soledades. Yacentes en la cama, frente al ventanal que enmarca la noche, no por peregrina menos mágica, diseñamos para la gente sencilla las futuras sinfonías que compondrían los nuevos creadores de los sinceros paradigmas que marcarán los compases de idas y llegadas de las verdes profecías revestidas de sudores y perlas sangrientas que acontecen al final de las muertes de las vidas.

LUNES, 14 DE ABRIL DE 2025

NOTAS

En estas páginas continúo desarrollando los estados del paradigma de la aceptación de la muerte anunciada.

El paradigma de la aceptación de la muerte

Un paradigma es una pléyade de modos de ver el mundo. Idealmente debería determinar que se deben considerar ciertas premisas dependiendo de qué es lo que se busca y cuál sería la interpretación de lo hallado.

El paradigma es la irrealidad que se invoca para comprender el mundo, la vida y la muerte; es un papel pautado en blanco susceptible de albergar, de la mano del compositor, la escritura de una perfecta sinfonía que exaltaría y despertaría las facultades más ocultas del alma en el nombre de la más excelsa pureza.

El paradigma es ahora la semilla que reposa en la madre tierra a la espera de ser soñada. Cuando un paradigma se agota, otro desvela sus latidos.

La frontera

Entre las sombras de las ideas, la muerte ha compuesto desde siempre una interrogante ineludible.

Platón exige en sus escritos que el propósito de esta es nacer para implantar la preparación de ser capaz de mirarla de frente. Los poetas, en cambio, encuentran en esta la belleza de los amaneceres y las profundas sinfonías que interpretan los verdes roces de las arboledas de los bosques y la lozanía de los prados floreados.

Si fuésemos capaces de mirar de frente a la muerte como una figura maternal, severa y amorosa, podríamos editar nuestras vidas atesorando en las células de nuestro cuerpo, en nuestras fibras nerviosas, una luminosa plenitud compuesta de una sincera y humilde entrega a sus designios.

El paradigma de la muerte natural no es el símbolo de una ingenua esperanza, muy al contrario, es la certeza lúcida emanada del conocimiento de que todo lo que vive ha de morir; tal verdad por mor de ser trágica puede llegar a ser bella, vital, creadora.

Al recibir el enfermo la noticia de su enfermedad terminal, el efecto y la reacción natural ante el choque brutal de la evidencia es la negación de plano, un subterfugio psicológico muy comprensible.

El enfermo se resiste a adecuar la indudable realidad a la visión del mundo que atesoraba hasta ese momento, un rechazo desesperado de la finitud. Para el ser humano la verdad se oculta tras un espeso velo de ilusiones consagradas al eterno fingimiento de las evidencias que demuestran la certeza de la muerte.

El enfermo se retira dentro de sí mismo en un vano intento de protegerse de la realidad, el ser humano no puede enfrentar lo que el reflejo del espejo ha mantenido velado desde su nacimiento.

Este estado de negación, bajo la perspectiva médica, debería tener una limitada duración, ya que la realidad se encarga de horadar las defensas del enfermo empujándolo a otra etapa del triste estado emocional.

La negociación del conflicto interno

Una vez superado el impacto inicial, él mismo da paso a una lucha interna que tiene como único propósito adaptar o integrar la inevitable realidad que desde esos instantes pasará a formar parte de su cotidianeidad. Es ahí donde toma forma un burdo pero perfectamente comprensible intento de retrasar o incluso burlar lo irrevocable: la búsqueda de una segunda opinión médica, tratamientos alternativos e, incluso, establecer pactos con entidades superiores —sobre todo religiosas—. El enfermo transita a través de fluctuantes caminos de esperanzas, casi siempre asentadas sobre los débiles cimientos que le procuran una ilusoria fe insostenible *per se*.

Las consultas médicas adquieren una asiduidad obsesiva.

Durante esta etapa suele tener lugar una intensa actividad tanto interior como exterior, resaltan la pasión y la indignación acompañadas del dolor físico e incluso cierto grado de fuerza creativa, en un postrero intento de encontrar un desesperado último sentido vital a toda esta irrealidad, aunque no con menos significado natural.

Aceptación, la trascendencia

Cuando la negación se desvanece y constata el conflicto interior que se debate en la conciencia del enfermo, hace su aparición el ápeiron, la trascendencia de Anaximandro. Este estado profundamente filosófico resulta complejo de intelectualizar. Sin embargo, aceptación no necesariamente significa resignación, se la podría definir como la liberación íntima, el desprendimiento de las cadenas de aquellos que permanecían aherrojados en la caverna de Platón. La libertad existencial que, una vez obtenida, permite al ser vivir la experiencia de la muerte calibrada como una experiencia real auténticamente vital, viva, asombrosa…

La misma muerte anunciada nos confronta con la única verdad irrebatible de su condición existencial. Las puertas de la percepción se abren en todo su esplendoroso potencial, el alma, el corazón y la conciencia se derrumban llenos de paz y gozo (vida, hágase tu voluntad y no la mía).

La aceptación está relacionada con una lúcida comprensión del final. El enfermo reorganizará su cotidianeidad basándose en el tiempo limitado que le reste la cercanía e inevitabilidad. La muerte suele activar los procesos de priorización de lo verdaderamente esencial.

No puedo terminar esta exposición sin hacer especial hincapié en la evidencia empírica del breve y a la vez vasto proceso cargado de autenticidad.

Establecer un maduro entendimiento de la extinción libre de falaces tratos u obstáculos emocionales obligándonos a vivir, auténticos, plenos, constatando así que la muerte es la compañera de viaje de la vida.

El enfrentamiento disfrazado de valentía de los que luchan valientemente contra la extinción anunciada de sus vidas. Y de aquellos que sucumben ante una abyecta autocompasión dispuestos a abrazar cualquier tratamiento por inútil y doloroso que sea, a pesar de prolongar esos sufrimientos aunque los avale un incontenible aluvión de falsas esperanzas y/o resultados muchas veces recomendados por la medicina.

Con estas reflexiones un tanto desordenadas —dicho sea de paso—, abordaré desde un punto de vista literario, filosófico y humanista este fascinante tema.

LUNES, 14 DE ABRIL DE 2025

A las 5:18 de la madrugada del lunes, escribo para documentar que hace unos diez minutos he perdido el conocimiento. Intenté ponerme de pie para orinar en una cubeta que permanece en el suelo al lado izquierdo de mi cama. Me aseguré de que guardaba el equilibrio, al no sentir dolor alguno ni experimentar mareos, y me incorporé un tanto apresurado. En ese instante escuché un ruido ajeno a mí, acto seguido abrí los ojos. Amanda, a mi lado, trataba de reanimarme… Me había derrumbado hacia atrás, afortunadamente sobre la cama, suceso del que yo no guardaba memoria alguna.

Puedo imaginar el susto de Amanda. Muy nerviosa, empezó a lanzarme toda su batería de recriminaciones y cariñosos improperios disfrazados de quejas y resignados reproches, que desgraciadamente pasaron a engrosar la categoría del verdadero significado del calificativo; reproches, para mi desgracia, molestos a mis oídos.

Lo siento, Amanda, esta dolencia es así, nubla los mejores propósitos de paciente y enfermera…

Ahora dormita a mi lado. Con las claras del día los ánimos se sosegaron, lo doy por hecho. He decidido prestar más atención a mi alimentación, pues las fuerzas me están abandonando a marchas forzadas. Voy a consumir más proteínas en forma de unos batidos que me proporcionará el personal encargado de mis cuidados paliativos, unos frascos de una sola toma de diferentes sabores que contienen una respetable cantidad de proteínas (no sabría determinar el porcentaje exacto de las mismas), porque de continuar con este ritmo de pérdida de peso no dispondré del tiempo suficiente para llevar mi proyecto hasta la meta que me he propuesto.

¡Ojo! No existe el menor tono de dramatismo en esto que declaro. Tampoco hay lugar para el miedo. Simplemente constato el hecho de lo que es evidente a simple vista: sé que con más o menos extensión, mayor o menor número de páginas, el libro se publicará tras mi fallecimiento.

Las siete de la mañana, escribo en mi cama. Amanda duerme a mi izquierda. El sonido está ausente, pero no es una ausencia sepulcral, es un frescor primaveral, una réplica de todas las primaveras sucedidas en mi Sevilla…

¡Ay, mi Sevilla! Cuántos amoríos desgajados de los enramados de mi juventud.

A las siete de la mañana de este lunes quiero abrazar muy fuertemente las promesas por parte de mi muerte, de mi definitiva disolución en los brazos de su caritativa nada.

Dejar atrás las insidias, los requiebros de tantos y tantos dioses increados por esas mentes ajenas a las íntimas cadencias de la vida…

¡Ay! Ojos y rostros tan sutiles que revoloteáis cual Ícaros evasivos que enfrentan las ardientes zarzas que dibujan interminables sacrificios.

Las vidas, esas pictóricas falsedades de los mercaderes del Segundo Templo no son las que demuestran las vidas verdaderas y valerosas que rechazan los grises y las metáforas; las que resuenan triunfales y sordas a las apocalípticas trompetas anunciadoras de los escarpados declives que enmarañan las orillas de todos los Estigias que alguna vez vibraron para acompañar a las almas de los muertos sinceros...

Las 7:16 de la mañana, dentro de unos instantes dejaré la cama y me sentaré a la mesa para corregir y pasar a limpio lo escrito hasta ahora. Voy a cerrar los ojos durante unos breves instantes...

14:22 del mediodía. La cuidadora ha terminado su jornada, así que Amanda y yo tenemos la casa solo para nosotros. A los dos nos gusta conservar nuestra intimidad, en breve aparecerá en la puerta del dormitorio y se tumbará a mi lado plena de energías.

Creo que ya he mencionado el incidente ocurrido durante la madrugada pasada, a causa del desvanecimiento que sufrí. No tuvo mayor relevancia, un mínimo escollo fácil de salvar sin mayores consecuencias. A las cuatro y algo de la tarde espero, con un leve dejo de impaciencia, que Amanda anuncie que la comida está lista en la mesa.

Desde la calle se oye el barullo de la gente que presencia el paso de alguna de las procesiones que en estos momentos desfilan por mi calle. También resuenan los tambores que pretenden en vano enmudecer los afilados cantos de las cornetas y cornetines de mando de los hermanos que componen la banda de música.

Creo haber mencionado alguna que otra vez que Sevilla es el gran amor de mi infancia, de mi niñez, la que ha colmado durante estos setenta y seis años de mi vida (perdona, Amanda, en realidad el gran amor, el sereno amor eres tú, eso ya lo sabes).

Sevilla ha llenado mis soledades cuando yo la recordaba desde las tierras extranjeras. Sevilla ha tirado de mí para que ambos cerremos el círculo de mi existencia.

En Sevilla dejo el legado de mis obras, mis huidas y mis regresos, mis sombras y soledades. En Sevilla nací, cumplí los destinos impuestos por ti, vida. Esperé agazapado a que las estrellas eligieran las negruras de mi espejo bruñido por los líquidos reflejos de las ocultas leyendas. ¡En Sevilla por fin me diluiré en la caritativa nada durante tanto tiempo añorada!

Fue en Sevilla. Será en Sevilla.

A punto de cumplir la medianoche, he cambiado el sofá por la cama. He dejado en el salón a mi esposa, Amanda. Me consta que está muy triste, me siento incapaz de consolarla, la cruda realidad es que soy yo el que se va, ella permanece. Me parte el alma carecer de palabras, yo, que tanto me jacto de mis metáforas y mis embarullados vocabularios. Incluso estas carencias forman parte del juego. Aun así, amo la vida y acepto a la muerte, su riente compañera de camino.

Los calmantes y la morfina me acarician con el cariño que permite que mis párpados se entreguen a los susurros del sueño. A la medianoche del martes me abandono por fin en los umbrales del olvido.

A las 5:00 de la mañana he despertado de nuevo al mundo de los síntomas de esta dichosa enfermedad, que han emprendido una nueva dirección en la larga lista de las incomodidades que siempre tiene a mano con el solo propósito —me temo— de no dejar de incordiarme.

Las molestias que acaban de hacer su aparición pienso que están relacionadas con la próstata o el tracto urinario. Me cuesta orinar, cada vez que lo intento me veo forzado a esperar intensos largos minutos de pie frente a la taza del inodoro para lograr un pobre resultado, soportando unos interminables dolores que me recuerdan a los que se padecen cuando se sufre de cálculos biliares, por lo que debo incorporarme demasiado a menudo para mi gusto y molestar a Amanda para que permanezca a mi lado mientras intento aliviar la vejiga, con una cara de sueño que da verdadera pena.

Pronto van a ser las seis de la mañana de un lluvioso Martes Santo. Es una lástima que las lluvias desluzcan la celebración de estas fiestas tan importantes para Andalucía, sobre todo para Sevilla.

La naturaleza no entiende de preferencias religiosas ni apetencias de ninguno de los dioses establecidos por los seres humanos con el propósito de aliviar los miedos a la inseparable extinción de la vida, y de paso, aumentar el poder de unos pocos sobre el grueso de la aborregada humanidad que niega las evidencias que les son asignadas al abrir los ojos a los mágicos universos que componen la vida.

MARTES, 15 DE ABRIL DE 2025

El pasado lunes, Juan y yo mantuvimos una distendida charla telefónica. Hablamos de todo, nos recordamos mutuamente anécdotas vividas en común. Es agradable compartir sucesos irrelevantes, amables, minucias de pasadas experiencias con el conocido o el querido familiar que nos acompañó en los momentos necesitados de cercanías sinceras, es refrescante. Juan posee la rara cualidad de conseguir que aquellos con los que interactúa se sientan cómodamente relajados y carentes de cualquier tipo de presiones o compromisos.

A las 5:08 del martes 15 de abril, se ha aplicado a la tarea de prepararme el almuerzo. Estoy encantado de tener buen apetito. Al cabo de todas estas semanas de enfermedad me he rendido incondicionalmente a los purés y compotas que ella prepara magistralmente.

Ahora, mi diaria rutina gira sobre dos ejes diferentes aunque no dispares: las comidas y los dolores, que últimamente ambos funcionan con la regularidad de una máquina bien engrasada.

En cuanto a mis proyectos... Esta obra, que provisionalmente he titulado *Conclusiones*, está naciendo al mundo con una vitalidad y un gozo llenos de buenos auspicios, impregnados de las luces y las sombras estrelladas de mi ciudad y de su gente.

Cuando vaya a partir, lo haré ligero y agradecido a todas estas luces y oscuridades que han conformado todas las secuencias por mí creadas.

Ya no queda lugar para la tristeza, ni siquiera para esas indelebles pinceladas faltas de armonías...

La vida me ha ofrecido todo aquello que su natural indiferencia le ha permitido otorgar. Y yo, sin miramiento alguno, me imbuí del espíritu pendenciero de las iras y arrebatos, aunque desde el fondo de mi corazón nunca aceptaba, siempre apostados a las orillas de los álgidos senderos que se afanaban en las sombras.

He conocido las suaves destrucciones de la cicuta, las mieles seductoras de los amores y amoríos. He llorado leyendo a Lorca. Me he emocionado a la par en los últimos días de Keats en la Plaza de España de la eterna Roma pensando en su amada Fanny...

Abril, miércoles a las 00:00. Hace exactamente dos horas que he cenado y tomado la medicación, he visto durante unos quince minutos una de las series norteamericanas de consumo en una de las numerosas plataformas de películas, y heme aquí tumbado en el lado derecho de la cama tomando estas notas para ampliarlas, corregirlas, y pasarlas a limpio mañana cuando me siente a la mesa. Por el momento, nada especial que mencionar, a excepción quizás de la llamada de Alfonso para Amanda. Mi hermano ha dejado caer que quizás se llegue por Sevilla dentro de dos semanas. ¡Pudiera ser!

Miércoles, 16 de abril de 2025

La enfermedad imagino que sigue su curso natural, no puedo aportar ningún dato, pues carezco de referencias en las que apoyarme. Lo que sí puedo afirmar es que estoy en cuidados paliativos, eso significa que, efectivamente, mi enfermedad atraviesa el estado terminal a la espera del desenlace de mi disolución.

Una de las características de esta situación por la que atravieso es la fragilidad de los cimientos sobre los que edificamos nuestras realidades. Estas se desploman en instantes; todo aquello sobre lo que edificamos nuestras realidades.

Se desploma todo sobre lo que depositamos nuestras certezas, esperanzas, siempre disfrazadas de enfermizas, ¡cómo no!, falacias implantadas por los eternos mercaderes ávidos de deseos.

Camarón cantaba una letra por bulerías cuyo estribillo repetía y aseguraba que: «La vida, la vida, la vida es… es un pasatiempo.

La vida, la vida es…». Como diría el amigo Kundo: «Esas frases son sentencias».

Y hablando de gitanerías, mañana aterrizará por aquí con la intención de rendir visita y despedirse de mí, en el caso de que mi conclusión esté más cercana de lo previsto, Pastora.

Pastora, uno de los placeres de mi vida ha sido haberte conocido y, por añadidura, haber disfrutado de tu baile. Para mí eres y serás la mejor. Aprovecha bien el regalo que te ha otorgado la vida, para que aquellos que hemos tenido el privilegio de conocerte podamos canturrear bien alto: «Y enamoró a Sevilla por bulerías». Tu gente es flamenca, pero tú eres algo más.

Sirvan estas frases que te dejo con todo mi acato y admiración como homenaje y un rendido respeto a tu arte y a tu sencillez como persona. Cuídate mucho, no dejes que la vida te pueda…

Hoy miércoles 16 de abril, cuando son las seis de la mañana, he despertado. Me siento descansado, fresco, preparado para enfrentar y disfrutar aquello que mis nuevas rutinas tengan a bien ofrecerme.

El martes de la Semana Santa aquí en Sevilla (no hace falta repetir que es la semana más importante de mi ciudad; lo siento, no he podido resistir la tentación de alardear de las virtudes de mi amada) vino y se fue dejando el agridulce de una celebración a medias.

El clima no cooperó, llovió bastante. Tengo entendido que cayeron granizos y que algunas hermandades optaron por permanecer en sus templos. ¡Qué se le va a hacer! Quizás el año que viene les cambie la suerte.

Una noche y madrugada perfectas. La nota discordante es que sigo perdiendo peso a marchas forzadas, también he notado que al permanecer mucho tiempo sentado en la cama en una misma postura aparecen llagas o rozaduras donde mi cuerpo haya permanecido en contacto con las sábanas o el cobertor. Como digo, este es el único incidente que se me ocurre traer a colación.

Hoy es día de visitas, Amanda ha quedado con Pastora (madre e hija) para comer en un restaurante mexicano que está muy cerca de nuestra casa, descubierto por mi esposa la semana pasada. Una vez consumada la apetitosa comida, se llegarán las tres a echarme un vistazo. Espero y deseo que el encuentro transcurra fructífero y distendido.

Este sorpresivo cambio que tan abruptamente ha sufrido mi vida empieza a cobrar el sentido que al principio logró confundirme, está desplegando ante mis sentidos todas sus claves a la manera en que la semilla plantada en tierra fértil irrumpe a la vida en todo su esplendor. La aristotélica entelequia que vibraba paciente en los plantíos de mi alma.

Recapitulemos… A esta hora de la noche, las 23:06 del miércoles 16 de abril, cuando he cenado y tomado los medicamentos, estoy en la cama dispuesto a documentar lo sucedido a lo largo del día.

Para empezar destaco la ausencia de dolor y molestias físicas, eso sí, las fuerzas me siguen abandonando, sin prisas, sin pausas. Es una paradójica sensación, una especie de relación amor-odio establecida entre mi cuerpo y el espacio físico que ocupa, un ingrávido placer derivado del hecho de vincular el apacible agotamiento con la desaparición de facto, de la desintegración; un cerrar las puertas tras de mí, una hermosa desaparición carente del menor atisbo de autocompasión. Sin promesas, sin siquiera un «ya veremos». Un enfrentar la muerte mirándola de frente con el inmenso orgullo de atesorar la certeza de haberla sabido comprender.

Sobre las dos de la tarde aparecieron Amanda y Pastora. Se repitió el ya clásico prolegómeno, los sutiles preliminares de atisbar con más o menos sutileza el mutuo estado de los protagonistas de la escena que estaba a punto de representarse. Efectivamente, con la salvedad de que en esta ocasión la espontaneidad de Pastora junto con la mía inclinaron la balanza hacia el lado más amable y gratificante.

Narramos las anécdotas que surgían sin esfuerzos, nos miramos a los ojos sin tapujos, reímos, ella y mi esposa bebieron y juntos volvimos a reír una y otra vez. Derribadas las inhibiciones propias de la situación que se desenvolvió con una sana naturalidad. Amanda y Pastora picaban tapas de embutidos, pan y queso al tiempo que apuraban unas apetitosas copas de un áspero vino tinto de Ribera del Duero, y salían a la puerta de mi casa a tomar vídeos y fotos de la procesión de turno que desfilaba en esos momentos.

Concluida esta, regresaban a casa a reponer fuerzas y se sentaban a la bien provista mesa, llena de vinos, chacina, quesos, pan, dulces y una sugerente botella de anís que aguardaba desde las pasadas Navidades en la cocina. Hacían su entrada en la escena las torrijas y bombones, que desaparecían devorados a una velocidad imposible, hasta que repetían la salida a la calle a presenciar y grabar vídeos y hacer fotos del siguiente desfile.

Yo, cómodamente apoltronado a la mesa en mi silla de ruedas, escribía feliz y contento hasta la siguiente interrupción decidida por las dos.

0:44 de la madrugada. Espero que estas notas que escribo obren el milagro, al igual que las semillas plantadas en tierra fértil, y surjan palabras que inspiren sentimientos y sabios propósitos entre aquellos que las lean.

Ausencia absoluta de molestias, los medicamentos funcionan, la enfermedad está doblegada por ahora. Ya veremos, la noche es larga...

Cuento con la certeza de que lo que escriba con líquidas cadencias refresque las ansiedades de aquellos que caminan por los mismos atajos que yo.

Me siento reconfortado sabiéndome acompañado por este firme propósito.

La literatura y las artes son los atributos de las vidas verdaderas.

JUEVES, 17 DE ABRIL DE 2025
00:58 DE LA MADRUGADA

Charlar con los amigos, Juan, Mercedes, su esposa, Pastora y, ¡cómo no!, Amanda me engrandece. Corroborar sus sinceros sentimientos me obliga a empaparme cada día de un nuevo matiz que surge inesperado de sus miradas emitidas de frente.

He llegado a comprender una revelación que siempre ha estado ahí: el secreto de la vida se manifiesta en las erguidas miradas de frente.

La vida no desea ser olvidada. La vida, al igual que la muerte, desea los deseos de los hombres y mujeres de miradas limpias. ¡Tarea difícil de materializar! Pues para observar las nítidas soledades de los espejos es condición *sine qua non* aceptar las luces ensombrecidas de nuestras propias ocultaciones.

No basta con desvelar los frágiles velos de la diosa, hay que enfrentar los fantasmas propios sin ni siquiera un tímido parpadeo.

Las lágrimas y las culpables confesiones hijas de los cristos y los profetas fariseos no tienen cabida en las infinitas reflexiones de las rutilantes superficies de los espejos enmarcados por la vida.

JUEVES, 17 DE ABRIL DE 2025

A la 1:20 del jueves sigo tumbado en la cama escribiendo un nuevo aspecto de la sintomatología desde que esta enfermedad hizo su aparición: el insomnio. No consigo atrapar el sueño, es huidizo como la sombra de Peter Pan.

He optado por ignorarlo con la esperanza de que mi indiferencia consiga atraerlo a mi regazo. Aunque ello no representa ningún inconveniente serio, es una molestia que incluso tiene sus ventajas: dispongo de más tiempo para escribir. ¡Mi sabio cuerpo ha domeñado el tiempo! ¡Ha logrado alargar las horas!

Bien, tonterías aparte, le estoy agradecido al tiempo, teniendo en cuenta que como decía el poeta: «No se puede abrir semilla en el corazón del tiempo».

Desde el descubrimiento de mi enfermedad por parte de los médicos no veo ni leo las noticias. Sé que el mundo se debate en una peligrosa debacle geopolítica protagonizada especialmente por los tres antagonistas principales: EE. UU., Rusia y China. Hasta ahí llegan mis conocimientos de la actualidad. Mis energías se bifurcan en otras direcciones. Vivo en un cómodo aislamiento de lo que sucede ahí fuera, lo que sé del mundo lo conozco gracias a las noticias que Amanda me trae del exterior.

A las 2:38 de la madrugada continúo escribiendo, no puedo dormir aunque estoy libre de molestias físicas —y mentales—.

Voy a intentar cerrar los ojos, con un poco de suerte espero conseguirlo. Este último pensamiento quiero dirigirlo hacia Amanda, agradeciéndole sus abnegados deseos de ayudarme en todo momento. ¡Gracias, Amanda!

A las 4:47 del jueves 17 he abierto otra vez los ojos al mundo de los no durmientes. Estoy empezando a tener molestias en el estómago, imagino que por la cantidad de medicamentos que me veo obligado a ingerir. Esto, sin embargo, no deja de ser un mal menor, ya que lo importante es la ausencia del dolor en el cerebro y los desvanecimientos.

Sobre las siete de la mañana me levantaré y me sentaré a la mesa, donde corregiré y pasaré a limpio todo lo escrito hasta ahora.

No pasa un minuto de mi tiempo sin que agradezca la decisión que adopté de rechazar tratamientos invasivos, biopsias o intervenciones quirúrgicas. He borrado de un plumazo cualquier tipo de sufrimiento que se hubiese presentado en el caso de haber aceptado los tratamientos aconsejados por la medicina.

Viernes, 18 de abril de 2025

Son las 0:02 de la madrugada del viernes, las novedades brillan por su ausencia. Existe un antiguo compañero del principio de mis males: el estreñimiento. Me cuesta mucho evacuar, tanto que resulta doloroso. Obviamente, no voy a extenderme en los detalles, lo único que deseo mencionar es el hecho de verme obligado a permanecer sentado en la taza del inodoro durante más de diez minutos para obtener unos paupérrimos resultados en la solución del problema. Sin embargo, como siempre estas son unas molestias mínimas.

No debo quejarme, realmente no puedo quejarme ante estas minucias, padezco de cáncer con metástasis que se extiende por la garganta, y un simple estreñimiento no es nada comparado con los sufrimientos que hube de soportar desde mi ingreso en el hospital.

Como siempre, hay que mencionar que he cenado y tomado los medicamentos, que, por cierto, desde hace tres días excluyen las dosis de rescate de morfina. Este maravilloso respiro me permite abordar otros temas que tengo pendientes de analizar, desmenuzar y compartir con mi querido diario.

De las tres interrogantes más importantes que en un momento u otro de su vida pudiera verse obligado a enfrentar el ser humano, ¿cuál debe ser considerada seriamente? Y ¿es posible dilucidar adecuándose a un nivel aceptable de coherencia?

Acaban de dar las dos de la madrugada del viernes, que por cierto es el día más importante de la Semana Santa aquí en Sevilla.

Dentro de una hora más o menos se empezarán a escuchar por mi calle los compases de las marchas que interpretan las bandas de cornetas y tambores que acompañan las procesiones, fundidos con los barullos del pueblo sevillano comentando las, para nosotros, maravillas de nuestras hermandades favoritas (todas).

Desde mi cama puedo palpar el ambiente festero que se respira fuera.

A las 3:12 de la madrugada he despertado. En estos instantes pesa un silencio que se podría definir como «ominoso», ¿o quizás es mi estado de ánimo?

Definitivamente, no, me siento perfectamente. Es la cuarta jornada que puedo asegurar que ha estado exenta de dolores e incluso de las otras molestias que casi siempre los acompañan.

Y es precisamente por estas bonanzas nocturnas que se amplían al resto del día, las que me permiten desarrollar esos otros temas que están ligados a lo que se trata en este diario novelado.

La lengua, el paladar y la garganta los siento muy inflamados, es una sensación parecida a la que produce la anestesia local que aplican los dentistas cuando hacen su trabajo.

La inflamación del interior de la boca (los tejidos blandos), sin ser dolorosa en extremo, consigue merecer el grado de «molestias importantes». Un mensaje constante que te recuerda en todo momento el protagonismo y la presencia de la enfermedad.

Y es precisamente en este punto donde se presenta la inestimable ayuda de ese fatalismo árabe que los andaluces llevamos dentro: «Qué se le va a hacer, así es la vida».

Efectivamente, así es la vida, el tránsito infalible que debemos recorrer desde el alfa hasta el omega, ignorantes de los propósitos y destinos. Es un páramo cegado lleno de posibilidades, recovecos y rincones a veces ocultos, otras cegadores que permiten vivir la sensación de poder disfrutar de su libre albedrío, del que en la práctica disponemos.

Mas la cuestión de lo que se trata aquí está íntimamente entroncada a la infalibilidad de la conclusión última. Sus consecuencias y los preparativos de ese libre albedrío mencionado son los medios de los que disponemos para alcanzar y enfrentar un destino que se vislumbra más allá de nuestros deseos o expectativas de lo que debería ser.

¿Es el libre albedrío una falacia? ¿Estamos condenados a repetir sin remedio los mismos errores y, por ende, sufrir las consecuencias? ¿Los desenlaces son planeados desde siempre por una ominosa figura cargada de sus cósmicas ignorancias? ¿Qué papel juega nuestra conciencia de sí en este repetitivo juego sin ganadores?

Si es así, ¿por qué perpetuamos la llama de la vida?

Notas sobre las tres interrogantes que plantea el absurdo de la existencia

Uno de los autores con quien más coincido en cuanto a su visión de las respuestas que plantean estas fascinantes interrogantes en su *El Mito de Sísifo* (1942) es Albert Camus, que confronta sin tímidos tapujos si la vida merece la pena ser vivida o, por el contrario, descartada.

Camus expone tres posibles respuestas cuya síntesis se podría limitar a la básica cuestión de la absurdidad a la que nos vemos arrojados en el momento de nacer.

1. El suicidio, no exento de una aplastante lógica provocada por la carencia de lo que ese mismo absurdo plantea.

2. La huida o evasión para abrazar un destino en una especie de pira sacrificial, llámesele esperanza o consuelo más allá de lo

físico (metafísico), dígasele religiosa o placebo, que dote de sentido el desorden mental que lo absurdo pudiera desencadenar en nuestra desordenada cotidianeidad.

3. La lúcida rebelión, es decir, la aceptación sin cortapisas de lo que, por otra parte, resulta poseer la plena evidencia de un hecho que no ofrece la más mínima resistencia a la hora de ser auscultado, y la invariabilidad de las tres respuestas planteadas aun desde los más dispares interrogantes.

El suicidio, la lógica del escape

Nuestro autor debate el cuestionario planteado arrojando una afirmación que no admite dobles tintas: «Solo hay un problema profundamente inapelable, el suicidio».

Esta aclaración nos ubica en el mismísimo centro de su pensamiento, la necesidad de reclamar la interrogante de si merece la pena transitar por la vida aun cuando la misma creación se nos muestra carente de cualquier propósito.

Ante esta disyuntiva metafísica, ética, política, suponen meras disquisiciones secundarias. Una respuesta negativa solucionaría el problema de un plumazo. La vida no merecería el esfuerzo de ser vivida, todos los argumentos anteriores resultarían irrelevantes.

Camus, en cambio, aduce el elegante argumento de una separación esencial del ser humano y su mundo.

Buscamos con desespero una trascendencia que aporte una ordenación coherente a nuestra estadía en el evidente caos, al que ¿malignamente? hemos sido abandonados y, a cambio, el universo se recluye en una cruel indiferencia que responde aun antes de posibilitarse de cualquier atisbo racional con una vaporosa bruma de silencios, dejándonos inmersos en un vacío existencial que no promete ni otorga. Un absurdo encontronazo entre lo esperado y la realidad que nos circunda.

En este escenario, el suicidio deviene en una lógica tentación. Finalmente, Camus concluye y así nos lo desvela, que el suicidio no constituye y no es una alternativa verdadera. A cambio, propone transitar por otro inexorable sendero, el de la rigurosa aceptación del absurdo. En lugar de negarlo, nos invita a vivir plenamente en la compañía del absurdo.

Sábado, 19 de abril de 2025

Nos invita a vivir en la compañía de este. Al abrazar la infinita vaciedad de la absurdidad, esta se ve despojada del poder que ejercía sobre el ser.

Saborear con fruición las mieles de la victoria obtenida y levantar en el lugar de la viscosa nada toda una nereida como emblema de belleza e inspiración.

Las nereidas, ninfas del Mediterráneo hijas de Nero, poseedoras de gran belleza que cantaban con voces límpidas a la par que danzaban alrededor de su padre refrescando las profundidades oceánicas.

Gabriel García Márquez, cuando escuchó cantar en una fiesta privada al inmenso cantaor El Lebrijano, le entregó una servilleta de papel con la siguiente nota escrita: «Cuando tú cantas se moja el agua». Esta imposibilidad llevaba en sí lo intrínsecamente imposible, el milagro, la magia.

Edificar una nereida es el equivalente al acto de la creación solo permitida a los dioses. Asimismo, levantar una nereida en el seno de la sombría vaciedad de lo absurdo equivale al acto de crear por parte del ser humano, de obtener una cualidad solo reservada a los dioses.

Querido diario, es la 1:59 de la madrugada. Cerca de estas notas que escribo en este momento, en las páginas anteriores he desarrollado unas reflexiones inspiradas en el análisis del autor Albert Camus sobre la aparente absurdidad de la vida y las posibles soluciones que nos ofrece para minimizar el impacto de tal enfrentamiento por parte de los humanos.

Pero dejemos debatir a los pensadores. Ahora quiero contar el estado de mi enfermedad, que sigue su curso con tal indiferencia hacia mi persona que se diría que pretende competir con la vida misma, ignorándome olímpicamente con la misma intensidad.

No padezco dolor alguno, el estreñimiento se mantiene, así como el cómplice insomnio empeñado en ayudarme a robarles tiempo a las horas para permitirme trabajar en mi libro, más minutos robados a las horas del sueño.

Así pues estoy satisfecho, no le puedo pedir más a la vida. En este momento voy a cerrar los ojos para intentar conseguir un poco de sueño…

Las 2:30. Definitivamente no puedo dormir, así que de vuelta al lápiz digital. ¡Lo que son las cosas de la tecnología!, gracias a la tableta puedo escribir a oscuras tumbado en la cama, pues la pantalla es negra, y el trazo de la escritura, amarillo.

Retomando el hilo que dejé antes de cerrar los ojos para conciliar el sueño, efectivamente, el tratamiento paliativo obra milagros en mi estado en general, libre de molestias.

SÁBADO, 19 DE ABRIL DE 2025

Balance que refleja lo siguiente:

1. Dolores: no
2. Náuseas: no
3. Desvanecimientos: no
4. Pérdida de equilibrio: sí, un ochenta por ciento, me obliga a caminar con extremada lentitud apoyado en el hombro derecho de Amanda y con mi bastón en la otra mano.
5. Estreñimiento: sí, un diez por ciento, me resulta doloroso conseguir evacuar.
6. Orinar: sí, un cuarenta por ciento, por las mañanas al abandonar la cama, es especialmente doloroso por las mañanas al dejar la cama.
7. Garganta: sí, muy inflamadas la base del lado derecho de la lengua y la garganta, que aparece invadida de pólipos.

Este es más o menos el resumen de mi estado, que ofrece un nivel bastante moderado de molestias. Realmente no me puedo quejar.

En cuanto a mi equilibrio mental, ¡fantástico! Hasta el punto de que no sé qué pensar del estado de esta enfermedad que padezco. Atravieso por un periodo de indiferencia hacia lo que me consta que está por venir. No me preocupa, pero no deja de sorprenderme.

Voy a hacer el esfuerzo de poner un poco de coherencia a mis ideas para intentar transmitir a través de este libro qué es lo que ocurre en mi interior.

Veamos, desde muy joven he tenido muy presente el hecho de que la muerte forma parte de los acontecimientos que suceden en la vida de cualquier ser humano.

De joven, me interesé por la cultura tibetana, embebí el contenido del *Bardo Thodol, El libro de los muertos tibetanos*. Viajé varias veces a la India, donde ingresé en un *ashram* en la región del Punjab, en la frontera con Pakistán. Presencié cremaciones al aire libre, aprendí las técnicas de meditación practicando durante largas horas diarias, utilicé el ácido lisérgico (LSD) de la mano de Tim Leary para aumentar los poderes de concentración, que se alcanzaba combinando el LSD con las técnicas de yoga.

En definitiva, siempre a la búsqueda de la certeza de que la conciencia es la inseparable compañera de la vida.

Sin embargo, es ahora precisamente cuando sé de primera mano en cada fibra de mi cuerpo que la creación está aquí conmigo, y que en un momento u otro no muy lejano va a suceder. ¡Va a pasarme a mí! No al vecino o a los que se publican en los medios. Y esta certeza, lejos de rechazarla, la integro en mi día a día como la cosa más natural de mi rutina diaria. Para ser sincero, hay momentos en los que me esfuerzo en traerlo a mi memoria, me obligo a pensar «me voy a morir», trato de racionalizar la idea de cómo será ese mínimo instante final. ¿Perderé mi entereza? ¿Me vendré abajo? Y la respuesta es siempre la misma, un no rotundo: «No».

Soy muy consciente de que de una forma u otra me está permitido atemorizarme, pues esta es una reacción perfectamente humana.

Y descubro la misma fría indiferencia que experimenté en el hospital cuando la joven doctora me explicó con meridiana claridad que tenía cáncer y, posteriormente, que se había apostado en mi cerebro y garganta; simplemente asentí e incluso traté de consolarla al descubrir la compasiva mirada con la que me deseó «toda la suerte del mundo».

Ahora, en este mismo instante, escribo sobre mi muerte como si mi fallecimiento le fuera a ocurrir a otro, como si yo fuese un extraño desapegado y no el Paco Albiac que aguarda un final prematuro que llegará en cualquier momento.

Aclaremos mi actitud, esperada durante años, embebida mental y físicamente. La respuesta es siempre la misma: «No tengo miedo, no sufro ni siquiera un sutil estremecimiento ante la idea de mi anunciada muerte». Es más, la deseo dispuesto a recibirla con los brazos abiertos y una lúcida mirada de frente.

Aquellos que me leáis seguramente me tildareis de a saber qué batería de calificativos, mas si tan solo uno de los lectores o lectoras de estas *Conclusiones* se siente inspirado por las experiencias que aquí se narran para enfrentarse a lo desconocido, habrán valido la pena todos estos insomnios que permitieron que la obra se escribiese.

A las 3:47 de la madrugada sigo despierto garabateando palabras.

SÁBADO, 19 DE ABRIL DE 2025

4:47. El dolor ha hecho su aparición, al cabo de cuatro días sin presentarse me ha golpeado intensamente en la zona comprendida entre la lengua y la base del cerebro. Amanda saltó de la cama y me aplicó la jeringa de morfina de rescate, que siempre tiene a mano. Para mi fortuna, la morfina ha hecho su efecto rápidamente, el dolor ha desaparecido en tres o cuatro minutos. Escribo rápidamente porque sé que mañana no recordaré lo ocurrido en estos momentos. Tengo entendido que he estado a punto de perder el conocimiento, cosa que no ha ocurrido porque no llegué a incorporarme en la cama; si lo hubiese hecho, me habría desplomado.

Van a dar las cinco de la mañana, he cerrado los ojos durante algo más de veinte minutos.

SÁBADO, 19 DE ABRIL DE 2025

Ahora estoy otra vez desvelado. Canté victoria muy rápido cuando declaré la ausencia de dolor, porque este me oyó y se presentó a pedirme cuentas…

Las 9:37 de una mañana despejada. Creo que luce el sol en todo su esplendor, aunque no puedo asegurarlo.

A las 15:50 he despertado de una apresurada siesta.

Siento tener que reconocer que estoy empeorando, me ha despertado este inmisericorde dolor en la base del cerebro. Aparece sin avisar con esos pulsos eléctricos que taladran mi cabeza sin miramientos. La situación entonces deviene insostenible, es una tragicomedia muy amarga que involucra a los dos personajes principales de la misma. Amanda sufre, y yo padezco al sentir el sufrimiento de ella.

Cuando hay amor de por medio el absurdo de la vida se crece. Si solamente uno de los personajes poseyera el mentado sentimiento, los indiferentes ataques de la absurdidad se debilitarían convirtiéndose en amenazas sin valor alguno.

Sábado, 19 de abril de 2025

El amor es un arma de doble filo fácilmente utilizable por las circunstancias sin escrúpulos.

Las 16:23. Amanda está en la cocina preparándose un bocado para obtener fuerzas, y un café negro con el que elevar mi presión arterial, que está muy baja.

16:50. Amanda va a salir, se le apetece muchísimo comer una hamburguesa vegetariana. Yo la esperaré apurando pequeños sorbos de mi café, cuando regrese nos sentaremos frente a la tele para ver algo y almorzar. Esta dichosa enfermedad me está machacando, para mi gusto, por adelantado, obviamente de acuerdo con mi particular percepción del tiempo.

17:25. Los dolores han remitido, estoy más calmado. Las aguas regresan a su cauce.

18:01. Desde mi cama puedo escuchar el barullo que proviene de la calle.

Domingo, 20 de abril de 2025

11:37. Un nuevo día ha amanecido y transcurrido. Ahora roza el mediodía. La noche y la madrugada estuvieron moviditas, y no precisamente a causa de la enfermedad, sino por una discusión provocada por la tensión que mi esposa y yo soportamos. Ello demuestra que somos dos seres humanos mentalmente sanos.

Al fin y al cabo, todas esas intrascendentes discusiones no dejan de ser el condimento que sazona nuestras vidas.

A las 6:30 de la mañana corregiré y pasaré a limpio una respetable cantidad de páginas que aguardan su turno para nacer al mundo de los libros.

Mi vida transcurre a un peculiar ritmo, es el ir y venir de una fluctuación que no tiene prisa en cerrar los capítulos que debe interpretar, es un constante *Esperando a Godot* que se mueve a un cansino ritmo que, sin embargo, mantiene perfectamente ordenadas las secuencias de mi vida.

Incluso se podría decir que esta nueva vida mía intenta ayudar para que mi paso transcurra a un pausado ritmo que me permita alcanzar siempre los objetivos deseados.

DOMINGO, 20 DE ABRIL DE 2025
CON EL MENOR ESFUERZO POR MI PARTE

Amanda, por encargo mío, les ha contado a los conocidos que desde ahora necesito una soledad imperativa para mi bienestar. Estoy muy cansado, ya me resulta imposible interactuar con los demás; por ello, desde ya mismo se reducen los personajes que aparecerán en las escenas.

DOMINGO, 20 DE ABRIL DE 2025

Amanda, Juan y Mercedes, su esposa, afortunadamente todo el mundo lo ha entendido. Yo, que había perdido la fe en el ser humano, me encuentro con que prácticamente el problema anidaba en mis acomplejados intentos de rehusar mostrarme en el espejo que intentaba clarificar mis horizontes en este mundo.

Las luces y las sombras poseen esas peculiaridades, casi siempre ocultan más que esclarecen.

La Semana Grande de Sevilla ha alcanzado su fin. ¡Ya era hora! Lo mucho también cansa.

Ahora Sevilla se muestra en todo su esplendor cuajada de jazmines y azahares, desde ya resuenan en el aire alegres soniquetes del baile más popular de mi ciudad.

DOMINGO, 20 DE ABRIL DE 2025

Las sevillanas, que todo sevillano que se precie debe saber bailar —todos menos yo, que para mi vergüenza soy incapaz de coordinar un solo paso—.

Al menos oculto mi fracaso como bailarín tocando las sevillanas con la guitarra, además de cantarlas con voz más que decente.

Pero ¿qué ocurre con mi enfermedad? Os puedo contar, sin ánimo de mostrar el más mínimo rastro de cursi dramatismo, que las fuerzas están desapareciendo de mi cuerpo a un endiablado ritmo vertiginoso.

En casa tengo una báscula de esas que descansan en el suelo con pantallita digital que muestra los números en kilos o libras, que nunca uso, pero puedo asegurar que he debido de perder como cuatro tallas de pantalón.

El caso es que a trancas y barrancas sorteo estas vicisitudes con ánimo resuelto sin muchas vacilaciones por mi parte.

Son las 16:48 de la tarde, una agradable somnolencia me invade potenciada por el ingrávido sonido que como una liviana neblina asciende hasta cubrir el espacio que existe entre mi cama y el techo del dormitorio. El gran ventanal que descubre toda la pared que enfrenta la cama solo me permite la visión del pasillo que une la puerta de la entrada al edificio con las dos hojas de la que se abre al patio interior, que alberga mi querido limonero y el juguetón banco hecho de filigranas de hierro dulce.

El cuadro que imagino me reconforta, todo está en su lugar, los deseos, las realidades y las evidencias.

Hay promesas en el aire que se escapan vaporosas en las alas de quien sabe que suspiro. Mis ojos apenas se resisten y claudican, aunque no vencidos… Me alejo enamorado de mi vida…, de la vida tan misteriosa, tan lejana…

17:08. Amanda, a mi lado con la cabeza apoyada sobre mi pecho donde está mi corazón, solloza compungida. La virtualidad de mi partida pesa como una piedra marmórea y helada. Sus íntimas tristezas la agravan; las palabras, ausentes, no alcanzan a rozarlas.

Amanda, allá donde vayas estaremos arropados por los legados esparcidos tras tantos años reunidos entre nuestros deseos y desapegos. Ya no hay forma humana ni extraterrenal que deshaga los alquímicos momentos que juntaron las indivisibles jerarquías.

17:38. Es devastador ser testigo de los llantos de mi esposa. A esta hora de la tarde he podido convencerla para que salga a la calle con la excusa de recoger el encargo de la morfina que solicitó en la farmacia cercana a nuestra casa y, de paso, se avitualle de torrijas, pestiños bañados en miel y, por supuesto, el chocolate que tanto le gusta, bajo promesa de que cuando regrese me tomaré un magnífico vaso rebosante de café negro.

Más animada, va a salir hecha unas pascuas en busca de los dulces y el aire fresco de la primavera de Sevilla.

17:42. El tiempo parece haberse detenido en sus propias cavilaciones. ¿O soy yo?

El tiempo a veces se detiene; otras, transcurre silencioso atento a los parpadeos de los testigos solitarios de sus infames indiferencias. El tiempo marchita y sana las heridas viejas mientras narra los desagrados acontecidos.

El tiempo tararea la *Nana de la cebolla* a la sombra que guarece las raíces del castaño centenario. El tiempo solo es tiempo si se siente observado por los ojos atentos de las viejas y los niños, el tiempo es polvo de humo que perfuma las infancias de las dulces caricias que los dos dibujábamos aquellos días.

20:10. Acabamos de tener una fabulosa merienda, tocino de cielo de la cafetería La Campana y un cafelito solo como ellos saben hacerlo, y Amanda tomó un té negro acompañado por una descomunal torrija bañada en miel y vino blanco.

Intentamos ver una serie en la televisión, al final terminamos en la cama arropados por el caritativo silencio de la casa. Yo escribo estas notas, y ella, refugiada en mi hombro muy cerca de mi corazón.

No se me ocurre qué podría escribir ahora, prefiero esperar a que mis palabras fluyan libremente sin pensar mucho en el contenido de estas.

20:28. He de comentar cuál es mi estado de ánimo en este momento. La ausencia de dolor es la tónica dominante que lidera mi situación, incluso las otras molestias secundarias están ausentes.

Para mi sorpresa y todo un abanico de las diferentes interpretaciones de aquellos que más o menos me conocen, mi particular punto de vista es la «curiosidad», simple y llanamente curiosidad, no puedo dejar de pensar en cómo será el momento definitivo. Sin el menor atisbo de aprensión —por el momento, y espero que esta ausencia se mantenga— trato de imaginar desde un punto de vista estrictamente racional las posibles sensaciones que pudieran aparecer.

Desde siempre he pensado que el tránsito entre la vida y la muerte debe presentar alguna similitud con el que existe entre la vigilia y el sueño, cuando esa dulce modorra que precede al abandono de la conciencia, a las visiones o sensaciones de la aparición de los sueños. Esta hipótesis no deja de tener ciertos visos atemorizantes.

No olvidemos que estoy familiarizado con la lectura del *Bardo Thodol, El libro tibetano de los muertos*. En ese libro se narra con pelos y señales (ficción, yo creo que sí) todo el proceso por el que pasa el fallecido asistido por los monjes que lo acompañan.

Según este manual, del que dudo un cincuenta o sesenta por ciento, el alma del difunto atraviesa por diferentes planos creados por este, una especie de proyecciones mentales como cuando soñamos sueños plácidos, visiones, pesadillas, sueños extremadamente reales, etc.

De acuerdo a esas interpretaciones, el tránsito hacia la muerte podría aportar todo un abanico de sensaciones, y es ahí donde se materializa mi curiosidad.

Durante el trance final, ¿deberé enfrentar los fantasmas que me atormentaron en vida? ¿Volaré lúcido y feliz por tantos y tantos universos por mí creados a lo largo de la desbordante imaginación de mi juventud y madurez?

Sean cuales sean las respuestas, existe un interrogante que permanece inalterable. No desfalleceré ni me rendiré a la evidencia que se materialice ante mi conciencia, mi ego, mi corazón o mi alma. Enfrentaré lo que esté por llegar con la dignidad que me otorgará desafiar a la muerte sin doblegarme ni bajar la mirada, la recibiré con insolencia, de frente.

21:34. Se acerca la hora de cenar. Gracias por vuestra ausencia, dolores y molestias. Amanda, ya muy tranquila y sentada en la cama a mi izquierda, escribe correos en la computadora a las amigas de San Francisco. Todo está bien, no pasa nada, la vida es lo que es, no merece la pena enfrentarla. Aceptarla significa despojarla de su ilusorio poderío. La muerte será lo que pudiera ser. ¿Quién sabe?

DOMINGO, 20 DE ABRIL DE 2025

21:43. Voy a prepararme para la cena y la toma de los medicamentos.

Estamos bien, ambos somos orgullosos guerreros curtidos en las vicisitudes de las vidas que nos acontecieron.

23:34. El domingo se dispone a dejarnos, no ha estado nada mal, una jornada amable sin apenas sobresaltos, excluyendo la madrugada cargada de nubarrones que no llegaron a desplomar sus furias. Todo se solucionó favorablemente a nuestro favor...

23:39. Ahora solo toca esperar a ver cómo se comporta la madrugada. De momento me concentraré en otra tarea pendiente que tengo.

LUNES, 21 DE ABRIL DE 2025

A las 4:42 de la madrugada de hoy lunes estoy de nuevo con mi compañero, el diario, en el que siempre me apoyo para contar mis cosas. Efectivamente, a través de estas letras pretendo llevar a buen puerto este proyecto de informaros a todos los que, como yo, se ven obligados a decidir la forma más sabia y equilibrada de lidiar con su propia muerte.

4:49. Lejos de mi ánimo está el afán de imponer mi particular punto de vista sobre el tema que nos ocupa: cómo enfrentar el diagnóstico de una enfermedad terminal.

En mi caso, hace ya casi un mes que se me diagnosticó la presencia de tumores y la temida metástasis localizada en la garganta y en la base del cerebro. Desde mi ignorancia deseo atestiguar que hay tumores en el testículo izquierdo y la hernia trastornada en consecuencia, tengo problemas a la hora de orinar y defecar.

En páginas anteriores he descrito con todo lujo de detalles la naturaleza de los dolores que padezco. No veo necesario volver a exponerlo en las páginas que seguirán a partir de aquí.

5:09. El entorno en el que suceden las escenas que se representan en este diario novelado es el siguiente.

LUNES, 21 DE ABRIL DE 2025

Los doctores que me atendieron al ingresar en la Residencia Virgen del Rocío, en el complejo hospitalario de Sevilla, me derivaron a mi casa en régimen de cuidados paliativos, es decir, recibir tratamiento específico para paliar el dolor y cualquiera otra dolencia que pudiera hacer su aparición, con la seguridad absoluta de no ser sometido a ningún tratamiento invasivo, tales como cirugía, biopsia, quimioterapia, etc.

LUNES, 21 DE ABRIL DE 2025

5:19. ¿Qué es exactamente lo que sucede ahora mismo? Pues estoy en mi casa con la sola compañía de Amanda, mi esposa, junto con la ayuda de una cuidadora que permanece en casa durante cuatro horas diarias.

El entorno, mi círculo de amistades y conocidos es muy limitado, se reduce a Juan, a quien conozco hace ahora la friolera de cuarenta años, y su esposa, una mujer excelente rebosante de buenas cualidades humanas, compañera y a la vez amiga de su esposo.

5:28. Sobre mi esposa les he hablado largo y tendido, por lo que no veo la necesidad de hacer de nuevo la descripción de su persona.

Hay también varios compañeros que aparecerán a lo largo de esta historia, de la que se conoce el final, pero no los detalles de esta…

A pesar de ello no me voy a resistir a morder el anzuelo y extenderme un poquito más en su persona.

¿Quién es Amanda? ¿Cómo es? ¿Cuáles son sus expectativas? ¿Qué tipo de relación mantenemos ella y yo?

5:36. Amanda es mi esposa y compañera desde hace cuarenta años. Nos conocimos en Sevilla durante unas Navidades. Es delgada, de abundante pelo negro, con ojos vivos color marrón. Posee un acelerado carácter nervioso que la mantiene constantemente activa, ocupada en mil y una tareas junto con una miríada de otras, casi siempre dispares.

En la actualidad es también mi enfermera exclusiva, se ha impuesto la tarea de controlar y administrarme la medicación diaria, tarea que realiza a la perfección.

LUNES, 21 DE ABRIL DE 2025

18:53. Rondando las siete de la tarde de este lunes de abril, hace una temperatura agradable, de esas tardes de primavera que suelen darse en Sevilla.

Hoy me he permitido la licencia de salir al patio en compañía de mi esposa, que desde hacía varios días me lo venía pidiendo en su afán de que me atiborrara de la vitamina D que derrama la luz de nuestro sol.

Allí nos plantamos los dos muy cerca del naranjo que le hace compañía a mi limonero.

Se mantiene la situación de esta mañana sin excepción, por lo que aprovecho para escribir algo más.

LUNES, 21 DE ABRIL DE 2025

18:53. He mantenido una conversación con Juan con la finalidad de establecer planes para los días que están por llegar. Todo lo relacionado con la obra *Conclusiones*, sé que él sabrá gestionar las cuestiones relacionadas con el papeleo, contratos, maquetación, corrección, tapas del libro. Todos los pasos necesarios para alcanzar la meta final. La publicación no la veré, pero Amanda, Juan y Mercedes estoy seguro de que la disfrutarán.

Cuando la obra esté en la calle será muy probable que estallen las polémicas. Ellos y yo contamos con que esa situación se produzca, no nos preocupa, lo importante es que el mensaje contenido en el libro inspire a muchos corazones.

LUNES, 21 DE ABRIL DE 2025

Para mí, es importante que esto suceda, por una amplia variedad de razones dispares, pero a la vez vinculadas entre sí. Considero que el ser humano tiene derecho a conocer que existen diferentes alternativas a mano para lidiar con las adversidades que la vida nos pueda poner, cualquiera de las múltiples encrucijadas que tienen los caminos que desembocan en la meta. La salida que deja expedita la puerta que nos permite alejarnos de las tribulaciones.

Todos tenemos derecho de ojear el catálogo que nos muestra cuáles son las opciones disponibles para acceder al final de la estadía terrenal.

LUNES, 21 DE ABRIL DE 2025

23:32. Otra medianoche dispuesta para enseñorearse de mis ideas y pensamientos, otros íntimos momentos para desmenuzar mis cuitas, que, dicho sea de paso, no son muchas.

He cenado bien y he ingerido los medicamentos. Como últimamente, el dolor está ausente, el estreñimiento casi ha desaparecido. ¡Es todo tan perfecto! Para bien o para mal, la mengua de mis fuerzas está bien presente para asegurarse de que no olvido la certeza de la no muy lejana partida. Las fuerzas me abandonan sin pena ni gloria, lo acepto con calma.

LUNES, 21 DE ABRIL DE 2025

23:51. La muerte anunciada es un tema de reflexión al que se recurre con una constante frecuencia a lo largo de la historia del pensamiento del ser humano.

Enfrentarse al anuncio de su propia muerte es una de las experiencias más transformadoras que una persona puede enfrentar. En estas, llamémosles, reflexiones quiero poner en su justo lugar cómo se mezclan y ensamblan las percepciones del individuo y, por ende, cómo los estamentos del poder aprovechan para manipular y moldear la perspectiva de la amenaza de vivir bajo la certeza de un destino trágicamente definido por la alargada sombra de lo indescifrable.

LUNES, 21 DE ABRIL DE 2025

23:51. Los pensadores, filósofos y aquellos que reniegan de sus enquistadas cobardías, profundamente plantadas en las vulnerables conciencias del pueblo llano falto del conocimiento inherente a la inmisericorde conciencia del regalo natural que el ser humano tiene por derecho propio (conciencia de sí), solo asequible a la especie humana.

La noción «conciencia de sí» o «memoria de sí» se entiende como la cualidad de mantener una cognición vital sobre la propia existencia del ser, sentir la trascendencia de las experiencias obtenidas a través de las constantes repeticiones de unas mismas acciones ilustrativas que definen el carácter intrínseco del propio individuo frente a las evidencias que les muestra el enmarañado orden que rige la creación. La conciencia de sí se podría definir «como la capacidad del ser de identificarse como un individuo constante capaz de marcarse a sí mismo las secuencias de su pasado en relación con su yo presente y definir futuros horizontes susceptibles de ser materializados o desechados».

MARTES, 22 DE ABRIL DE 2025

Buenos días, son las 4:14 de la mañana en Sevilla. En este mismo instante acabo de integrarme al mundo. He dormido plácidamente desde que cerré los ojos a las 00:20, es decir, hace cuatro horas más o menos.

Ausencia de dolor, aunque permanecen el consabido cansancio y la pertinaz pérdida de mi fuerza vital, que no cesa. Por lo demás, todo perfecto.

Este estado general de mi enfermedad me da alas para desarrollar una apacible esperanza de ser capaz de escribir las trescientas páginas de mi proyecto *Conclusiones*. Si se me permite alcanzar tal meta, habré logrado mi objetivo; además intentaré crear la segunda parte de la novela en la que estaba empeñado cuando los médicos descubrieron mi enfermedad.

Ahora estoy despejándome de este estupendo duermevela que disfrutaba instantes atrás.

Un festival de frases hechas

Me he visto obligado a desvelar a mi esposa, tengo permanentemente prohibido incorporarme o dejar la cama sin supervisión, ya sea de ella o de la cuidadora.

5:12.

—Estoy sorprendida de la reacción que vengo observando en todas las personas al saber de mi boca lo que sucede —dijo Amanda desde el oscuro lado izquierdo de nuestra cama.

El silencio que pesaba con cierta elegante armonía en nuestro cuarto nos arropaba a los dos, dejando bien a las claras que él era nuestro confidente y amigo.

—Me sorprende el evidente desapego con el que repiten el mismo mantra a todas luces preparado de antemano: «La vida es así, ahora te toca ser fuerte. No pierdas la fe».

5:57.

—Esa frase se repite una y otra vez, como si la repetición fuese el mágico salvoconducto que les dejase expedito el camino para zanjar la inoportuna situación que yo sacaba a relucir sin ningún miramiento por mi parte —dijo Amanda desde su lado de la cama.

—Es el típico «festival de las frases hechas» que organizamos para protegernos de las incómodas revelaciones que bloquean el cómodo fluir de nuestras inalterables rutinas —respondí.

El silencio que nos resguardaba parecía espesar los momentos, había dejado de arroparnos, ahora estaba revestido de una incómoda pesadez oscura.

—¿Qué quieres decir? —oí preguntar a mi esposa.

—Es simple —respondí—. La gente no quiere saber de este tipo de situaciones, les resulta sumamente perturbador, no quieren ni desean observar la absorbente realidad en la que nos movemos. La enfermedad pone en evidencia que somos la dureza del escenario donde interpretamos nuestras íntimas charadas. En apariencia, nuestras vivencias parecen estar regidas por los mandatos del olvido, que se materializa ante nosotros ataviado con los vaporosos ropajes que rodean indecibles máscaras envueltas en los velos de los destinos que falsificaron las olímpicas moradas de los impávidos usurpadores del mito.

»La muerte, dueña y señora de las antiguas tradiciones, que se eclipsaron entre las impacientes murallas arbóreas de los laberintos. La muerte nace escondida entre los pliegues de la oscuridad del tiempo. La muerte desaparece sin urgencias tras un «no pierdas la esperanza», «dejarte vencer por mí es cobardía», «conserva tu fe y tu esperanza».

»El ser humano —continué— no quiere aceptar la musical paradoja de confundir fe, esperanza y cobardía, aunque la derrota siempre anida en las inmensas falsas promesas de los dioses y los profetas carentes de puertos amigos. Créeme cuando te digo que la esperanza solo es humo, y la fe, una cornucopia vacía que destila dolores turbulentos que se nutren incansables del «festival de las palabras vacías».

Martes, 22 de abril de 2025

23:51. Amanda, llegados a tal punto, se rebulló a mi lado hecha un ovillo, en su favorita posición fetal. Hundió la cabeza entre sus rodillas y mi esmirriado cuerpo falto de carnes, al tiempo que dejaba escapar un tenue murmullo.

—Entonces, no vale la pena nada. Si todo es irremediable, ¿qué sentido tiene vivirla?

Miércoles, 23 de abril de 2025

3:39 de la madrugada, el dolor me ha despertado, ha irrumpido con inusitada virulencia, repitiendo el patrón al que me tiene acostumbrado: nace debajo del lado derecho de la lengua, asciende hasta la sien y horada en mi cerebro. Un instante antes de su aparición sentí la fuerte necesidad de orinar y el mareo propio de una bajada de tensión.

Comprendí que si me incorporaba me desvanecería.

Toqué con suavidad el hombro de Amanda, que dormía un relajado sueño. En una fracción de segundo asimiló la situación, desapareció del dormitorio y regresó con la jeringa de morfina de rescate. El dolor a su vez manipulaba el centro nervioso para asegurarse de que yo no lo ignoraba. Un par de minutos después era solo un recuerdo.

¡Gracias, Amanda, por tu diligencia y amor, por soportar todo lo que está sucediendo! Me estás dando la vida. Si no estuvieses a mi lado, ya me hubiera ido.

Finalmente pude vaciar mi vejiga y aquí estoy documentando los mínimos detalles de lo ocurrido.

Amanda ahora está en el sofá de la sala intentando apurar algunas horas de sueño para poder seguir peleando a lo largo de la jornada que aguarda paciente para hacer su aparición.

Es inaudita la fuerza que posee mi esposa, lucha contra mi enfermedad cada día para sacarme fuera de mi campo de batalla.

Miércoles, 23 de abril de 2025

4:14. En cuanto a mí, ¡qué puedo decir! Me aferro con uñas y dientes a mi objetivo, siempre controlo la situación, no me dejo amilanar por los obstáculos. Las huracanadas oleadas de dolor me derriban, me caigo… y me yergo insolente del suelo una y otra vez, sordo a los cantos de sirena, fija la mirada en el puerto amigo que me otorgará el refugio y descanso que yo quiero.

Miércoles, 23 de abril de 2025

14:33. Reacciones mentales a las que se expondría un paciente al recibir por parte de su doctor la noticia de su enfermedad terminal.

La muerte anunciada entendida como una, digamos, enfermedad terminal delimita una frontera bien definida desde el ámbito filosófico, del pensamiento o, si se prefiere, de las ideas, desbarata todo el entramado habilitado por el individuo hasta ese momento.

Heidegger, en su pensamiento existencialista, emplaza en un primer plano con el propósito de exponer con meridiana claridad que: «Única y exclusivamente ante la conciencia del propio fallecimiento uno puede vivir una vida única enormemente más auténtica».

Sin embargo, bajo la perspectiva psicológica, ante el anuncio la persona puede fluctuar entre momentos de resignación, miedo y ansiedad, especialmente aquellos que profesan los dogmas católicos cristianos, sin olvidar la influencia ejercida por los cabecillas de estas iglesias.

La muerte anunciada entendida como un diagnóstico terminal delimita una frontera bien definida desde el punto de vista, digamos, filosófico, del pensamiento o, si se prefiere, de las ideas, da como resultado el desplome de todo el entramado tejido por el individuo hasta ese momento.

Miércoles, 23 de abril de 2025

Sin embargo, bajo el punto de vista psicológico, ante tal anuncio la persona puede fluctuar entre momentos de resignación, miedo o ansiedad existencial, quizás culpa enfatizada, especialmente aquellos que profesan los dogmas católicos cristianos, sin olvidar la influencia ejercida por los cabecillas de estas iglesias.

MIÉRCOLES, 23 DE ABRIL DE 2025
20:21 H

Manipulación del enfermo terminal sobre sus familiares (una mirada incómoda pero necesaria)

No trato en este breve monólogo —nada más lejos de mi talante— de inhabilitar el sufrimiento real del paciente. De hecho, el sufrimiento es la única experiencia genuina que se da en tales representaciones.

El propósito es darles voz a los controvertidos desarraigos que experimentan los familiares del enfermo terminal.

En las páginas anteriores hice alusión al «festival de las frases hechas». Cuando se trata de los familiares, hablamos del profundo complejo de la culpa, situación que en muchos casos estos atraviesan en silencio.

20:08. Por lo que los sentimientos pierden espontaneidad para sufrir las kafkianas metamorfosis, un proceso de desafección y disimulo.

La innombrable manipulación

Mencionar la manipulación ejercida por el enfermo terminal pudiera parecer una innoble falta de respeto, incluso un acto perverso.

Bajo esta premisa, todo lo que el enfermo diga o haga estaría justificado como una figura sagrada que sobrepasara a aquellos que no tienen fecha establecida en torno a su muerte; aquí, sin llegar al grado de inmortales a los ojos del enfermo terminal, rozan tal estatus. No hay fecha de caducidad, el fin se ha diluido en una no existencia, la invisibilidad de sus muertes les protege.

El enfermo, al ser consciente del (valga la redundancia) enfermizo control que ejerce sobre los familiares, despliega un inmenso abanico de técnicas y estrategias para mantener ese repentino poderío.

«Si tú me quisieras de corazón, vendrías a verme más a menudo».

Hay pacientes a quienes les resulta intolerable. Para ello puede reforzar el discurso basado en la premisa de ser él quien realmente está sufriendo, obligando a los familiares a ocultar sus comportamientos naturales.

JUEVES, 24 DE ABRIL DE 2025

0:42. La madrugada del jueves se ha instalado en mi cuarto. Estoy solo, empuño el lápiz digital que traza mis palabras en un primaveral color verde limón sobre la página negra. Amanda practica sus escalas y estudios en el comedor con su flamante violín construido solo para sus manos y todo el cuerpo; el instrumento presenta una salvedad que yo no conocía: el bordón, la cuerda más grave, es de oro. Da gloria escribir tumbado en la cama arrullado por la calidad de las notas que mi querida Amanda esparce al universo...

Sobre la vida

La vida es un lúcido felino que se relame satisfecho de sus logros obtenidos para ofrecerlos a la noche, que siempre será su compañera. Y yo, el personaje que quiere esconder sus indiferencias pasajeras, miro, observo, espero…

Jueves, 24 de abril de 2025

1:18. He de explicar en esta página de mi diario cuál es mi ánimo, qué le pido a esta limitada cotidianeidad que se ha establecido en el mismísimo cogollo de mi vida.

A la vida le pido poco, nada, porque nada puede darme, porque ya nada puede darme. Todo lo que ofreció en el pasado no dejó de ser minucias, no por mínimas, por despreciadas.

De la vida reconozco que estuve enamorado, aunque fue un amor no rendido, supuso más bien una pasión compartida sembrada de escapes y regresos, huidas de hijo pródigo que siempre retornaba con aire pendenciero al lado de su vida para refrescar sus heridas, que a veces sanaban, y otras, permanecían inconclusas, indeterminadas, siempre a la espera del grial rebosante del dulce néctar que se había desgastado.

Conocí tiempos erróneos, que sin embargo apuraba. La vida supuso una espera, historias indeseadas de pasiones obsoletas.

1:31. La vida, su noche y la muerte desean ser deseadas en aras de algunas monedas que jamás tintinearán alegres. ¿Quién no quisiera saber dónde empiezan y dónde acaban los caminos que se despegan de las sombras? Esas oscuridades frustradas empaladas de secretos y vaciedades colmadas de algarabías y absurdas absurdidades. La vida no vale nada y lo vale todo. La noche, su compañera, la acompaña por los pliegues de carroña de la muerte carroñera. La vida da poco… De mí no quiere nada, la muerte vuela ligera por los pliegues de mi alma.

6:30. Son las seis y algo de la mañana, me siento muy bien. En este mismo instante de mi vida, en este mismo momento de mi vida he despertado de nuevo al mundo.

El sempiterno silencio nos acompaña a los dos. Amanda duerme tranquila, sobre las siete de esta silenciosa mañana la despertaré y ambos empezaremos a trajinar en nuestras cosas.

Ella me tomará la tensión arterial, anotará los resultados en su bitácora de a bordo, preparará la toma de medicamentos y me ayudará a ingerirlos.

Por mi parte, trabajaré en la creación de mi libro póstumo *Conclusiones*, que por cierto va viento en popa, deseoso de nacer al mundo de los libros.

El tiempo vuela, al menos esa es la impresión que yo tengo al respecto. Esta dichosa muerte augurada tiene sus más y sus menos. A mí me ha dado alas para que vuele ingrávido a la búsqueda del destino que me pertenece por derecho de nacimiento.

6:37. Estoy más que despierto a enfrentar lo que sea. Mis preocupaciones se centran en asegurar la vida de Amanda cuando yo ya no esté, cuando no podamos regañarnos el uno al otro en estas intranscendentes discusiones domésticas.

Es curioso cómo el caleidoscopio de nuestra vida altera la visión de lo cotidiano delante de nosotros. «La vida se ve de otro color», como diría una típica letra de cualquier cante por sevillanas. Me moriré con la pena de no haber sido capaz de aprender a bailarlas.

Lo que sí he aprendido es a enfrentarla y vivirla en toda su plenitud, que no es poco. Nos hallamos inmersos en la tediosa tarea de arreglar papeles, «dejarlo todo atado y bien atado»: contrato con la editorial que se hará cargo de la publicación de *Conclusiones*, testamento, cesión de poderes a mi esposa…

6:49. ¡En fin! Todo lo relacionado con las cuestiones legales.

Cuando llegamos a Sevilla desde San Francisco, lo primero que hicimos fue poner al día todo lo referente al seguro de defunción. Amanda y yo estamos, pues, cubiertos. Por esa parte estoy tranquilo, y esa tranquilidad me permite centrarme en la creación de mi libro.

Desde que estoy en esta especie de claustro monástico apenas me interesa lo que sucede por ahí fuera. Al fin y al cabo, nada ha cambiado desde que el mundo es mundo: el rico se enriquece a costa de los padecimientos de los desprotegidos; Dios —con mayúscula o minúscula— sigue sin hacer acto de presencia ante sus fieles, y los poderosos atesoran más y más los deseos de los peones.

6:56. Materializan los perversos juegos en los tableros donde se juegan las cruentas partidas. No me queda otra alternativa más lógica que llevar a la práctica la infalibilidad del aserto «vivir y dejar vivir».

Ahora que la muerte me ronda como el personaje de *El manantial de la doncella*, mis prioridades han tomado rumbos ligeramente diferentes. Mi creatividad se ha vuelto más maleable, parece que facilita el flujo de mis ideas para que estas vuelen gráciles desde el cerebro al papel. Me siento y escribo con un sosiego que ya no pertenece a este mundo, al menos desde el lado cotidiano del mismo.

Toda mi atención está fijada en el acto de escribir, es la única tarea que me permito, y que Amanda me facilita. Ella se encarga de todo lo demás: papeleo, recados, cocinar… ¡En fin, de todo! ¡Gracias, Amanda!

JUEVES, 24 DE ABRIL DE 2025

7:14. En unos pocos minutos abandonaré la cama, me acomodaré a la mesa donde tengo todos mis bártulos para escribir y continuaré con la elaboración de *Conclusiones*, que ya posee más de cincuenta páginas el jodido. ¡Nada mal, eh!

Estoy contento, mi estado de ánimo intacto como el primer día, dispuesto a presentar batalla a lo que venga.

Lo primero que haré será tomar una ducha; a renglón seguido, desayunar, tomar la medicación y escribir. Si mi fecha de caducidad me lo permite, en un periodo de dos meses *Conclusiones* podría estar listo y pasar al proceso de su publicación.

Todo aparenta estar en orden. ¡Bien por Amanda y por mí!

Pasando a otro tema. Espero que mi fallecimiento esté exento de los múltiples abalorios, libre de gimoteos plañideros y de otras inútiles representaciones.

Quiero una muerte serena, libre de aspavientos, compartida con los míos. Quiero que mi porte a la hora de salir esté revestido con los elegantes ropajes de una inmensa dignidad merecedora de ser recordada, sin lágrimas, con suntuosa majestad. Quiero morir con la mirada al frente, como si contemplara la belleza infinita de todas las respuestas de las cosas de la vida, de la muerte, de la existencia, del amor…

JUEVES, 24 DE ABRIL DE 2025

18:45. A estas horas de la tarde las ideas que me impulsan a escribir aguijonean mi conciencia para que me apresure a ponerlas en el papel, eso es lo que procuro llevar a la práctica, mis adecuadas directrices que marquen mi día a día hasta que se presente el momento tan deseado y al mismo tiempo tan rechazado… Cómo marchar dignamente sin dejar un malsano sabor de tristeza o sufrimiento en el corazón de aquellos quienes, al fin y al cabo, en algún momento de sus vidas habrán de padecer el mismo capricho del guion de sus existencias.

No resulta tarea fácil interiorizar estos razonamientos, lo comprendo, mas ¿por qué no hallar un asidero, por frágil que sea, al que aferrarse?

VIERNES, 25 DE ABRIL DE 2025

6:52. Estoy sentado a la mesa, trabajando en *Conclusiones.* La noche ha pasado muy tranquila, a excepción de las molestias derivadas de la próstata, que parece haber hecho una coalición con el resto de los tumores que se esparcen por esta máquina de setenta y seis años que pide a gritos que la desconecten. Cuando ello sucede lo tranquilizo bajo promesa de que le permitiré descansar cuando lleve a buen término las tareas que me he autoimpuesto. ¡Faltaría más! Parece responder el jodido.

Estos últimos días, Amanda y yo hemos enfrentado varias crisis derivadas de los reajustes propios de la anómala situación a la que nos enfrentamos.

En páginas posteriores intentaré anotar con más detalles los pormenores de lo sucedido, siempre con el objetivo de reflejar el día a día de este fascinante proceso vital de la aceptación razonada del final.

VIERNES, 25 DE ABRIL DE 2025

23:13. Como es habitual, en la cama a punto de dar la medianoche, escribo en la tableta lo sucedido todo el día, la tarde y esta noche; se ha traducido en unos resultados bastante fructíferos. Una verdadera bendición. He cenado, Amanda me ha medicado, las palabras fluyen libres sobre el cuaderno digital. La crisis que surgió inesperada nació, creció y menguó, como debe ser.

Si no se presentase esta suerte de obstáculos a lo largo de esta dramática situación, habría razones para desconfiar de la veracidad de esta, sonaría a historia prefabricada.

La inevitable dualidad, las paradojas, las infinitas gradaciones congénitas al negro y los grises —sin embargo, tan necesarios para que el cósmico equilibrio se mantenga— que el ser humano tiene a gala poseer deben coexistir (¿resistir?). Esta suerte de caos organizado del que no poseo ninguna información sobre su razón de ser debe continuar, pues su existencia justifica todo el absurdo escenario que ha de escenificarse.

«Hágase tu voluntad y no la mía». El martirio dota de sentido la sangrienta plegaria del hijo dirigida al padre al pie del olivo.

La vida y la muerte son parte del acto supremo, de la inconfesable rendición del acto de alzar el vuelo para inmolarse en aras de la entrópica realidad de las repudiables evidencias.

Nada es tan cierto y real como la muerte, que mora bajo la superficie de las negras realidades donde se hallan los secretos inconfesos, sedientos de los desangrados de las almas enfermizas que nunca abandonaron la caverna de las ficticias sombras chinescas de la fe, el martirio y la vaciedad de los líderes empobrecidos, enfermos maniacos de las noches sin luna ni espejos de azabache. A pesar de todo, la voluntad, cuando la desnuda realidad muestra su verdadero rostro ante la sorprendida mirada del enfermo terminal. La solidez sobre la que este había levantado sus evasiones cuidadosamente refrescadas con el mimo que atenaza los corazones llenos de los consabidos temores que prodigan lo que es. ¿Alguien ha regresado jamás de la muerte para explicar lo que existe allá en el otro lado? ¿Existe, en realidad, algún otro lado?

SÁBADO, 26 DE ABRIL DE 2025

4:39. Otra vez aquí resignado por pertenecer al mundo de los dolientes vivos.

Amanda y un servidor apuramos estas horas llenas de agradables sensaciones. Por mi parte, acabo de satisfacer mi necesidad de vaciar la vejiga, con el coste de unos segundos de dolor, un precio mínimo.

Existe una relación un tanto peculiar entre mi cuerpo y yo, que se podría ilustrar como «la simbiosis entre cuerpo y alma».

SÁBADO, 26 DE ABRIL DE 2025

Llegado a este punto del relato, deseo volver atrás para reflexionar sobre una de las esperadas crisis que se dieron entre nosotros, consecuencias lógicas provocadas por las tensiones acumuladas entre dos personas que se aceptan y se aman incondicionalmente. El propósito de airear estas intimidades no es otro que ilustrar las etapas derivadas de la decisión de enfermo y familia al preferir enfrentar con valentía la muerte, después de rechazar de plano las intervenciones quirúrgicas, biopsias, quimioterapia, para ponerse en las manos de cuidados paliativos.

La muerte anunciada delimita una frontera bien definida donde el punto de vista, digamos, filosófico, del pensamiento o si prefiere de las ideas, desbarata todo el entramado habilitado por el individuo hasta ese momento.

Hildegard emplaza en primer plano con el propósito de establecer con meridiana claridad que «única y exclusivamente ante la conciencia del propio fallecimiento uno puede vivir una vida auténtica».

Sin embargo, bajo el punto de vista psicológico, ante tal anuncio la persona puede fluctuar entre momentos de resignación, miedo, ansiedad existencial o culpa, enfatizados especialmente por aquellos que profesan los dogmas católicos, cristianos, sin olvidar la influencia ejercida por los cabecillas de estas confesiones.

La muerte anunciada puede representarse como «una horrible implantación al enfermo al verse obligado a reestructurar el poco espacio de tiempo del que dispone».

El enfermo terminal ejerce manipulación sobre sus familiares. No trato en este breve monólogo —nada más lejos de mi talante— de inhabilitar el sufrimiento del paciente. De hecho, este sufrimiento es la única experiencia genuina que se da en tales representaciones. Hay que darles voz a los controvertidos desarraigos que enfrentan los familiares del enfermo terminal.

En páginas anteriores hice alusión al «festival de las frases hechas». Cuando se trata de los familiares, hablamos del profundo complejo de la culpa, situación que en muchos casos atraviesan en silencio. Los afectos y los sentimientos pierden la espontaneidad para sufrir la kafkiana metamorfosis, un proceso de desafección y disimulos en nombre de la incuestionable manipulación parece conllevar una innoble falta de respeto, incluso un acto perverso. Bajo esta premisa todo lo que el enfermo diga o haga estaría justificado. El enfermo destacaría como una figura sagrada que sobrepasa a aquellos que no tienen fecha establecida en torno a su muerte, que sin llegar al grado de inmortalidad, roza el estatus de «no hay fecha de caducidad». El final se ha dividido, hundido en «la no existencia».

La invisibilidad les protege (valga la redundancia). El enfermizo control que adquiere sobre los familiares despliega un vasto abanico de técnicas y estrategias para mantener su paupérrimo poderío.

«Si tú me quisieras de corazón, vendrías a verme más a menudo».

Hay pacientes a quienes les resulta intolerable, todo ello puede reforzar el discurso basado en el guion de que realmente está sufriendo, obligando de esta manera al familiar a ocultar comportamientos naturales como el cansancio o las limitaciones físicas para combatirlo.

Existe una curiosa técnica a la que, desgraciadamente, el enfermo echa mano con frecuencia para provocar la competencia entre aquellos familiares que decidieron cuidarlo. «Tu hijo sí me llama por teléfono un día sí y otro también».

La dignidad a las puertas del adiós. Amor, miedo y esperanza en los cuidados paliativos.

Amanda y yo mismo descubrimos que en mi situación el tiempo transcurre a pasos distintos, cada minuto es un regalo y a la vez una cuenta atrás. Decidí acogerme a los cuidados paliativos como respuesta consciente al epílogo que se avecinaba.

Al cabo de estas semanas han hecho su aparición emociones cargadas de paradójicos sentimientos, en apariencia opuestos: gratitud y agonía, compañía y soledades, firmeza y fragilidad.

Las primeras secuencias discurrieron rebosantes de ternura y la total dedicación de mi esposa. Amanda asumió y aceptó de forma natural mi decisión de rechazar cualquier tipo de tratamiento y, a cambio, recibir los cuidados paliativos, es decir, mantenerme libre de sufrimientos físicos a favor de mi bienestar permitiendo de esta manera acortar el tiempo de mi fallecimiento.

Amanda lo agradeció. Después de trabajar largos años en un importante complejo hospitalario de San Francisco, conocía a la perfección las dos opciones de las que dispone el enfermo terminal.

A medida que los días transcurrían me sentía invadido por una sensación de paz inenarrable. Adopté una intención de firmeza arraigada al propósito que había estado acumulando pacientemente: si algún día me ataba la enfermedad a la que nadie se atreve a llamar por su nombre, la enfrentaría con firmeza y dignidad, aunque en aquellos tiempos suponía una simple fantasía. La creación de una romántica e imaginativa proyección, producto de mi calenturienta juventud. Aspiraba a enfrentar mi propia muerte cual otro Keats enamorado de mi Fanny de turno. Producto fantasioso de un joven solitario que de niño soñaba con rescatar princesas de las garras de míticos dragones de fuego y malvados sátrapas que gozaban con el sufrimiento de las jóvenes esclavas, casi siempre poseedoras de largas trenzas de cabellos dorados.

Mi esposa, al cabo de compartir toda una vida, desde el anuncio de mis intenciones asintió y prometió respetar mi deseo de materializar todo aquello sobre lo que edifiqué los sólidos cimientos de lo que consideraba mi más precioso privilegio que como ser humano me correspondía por derecho de nacimiento.

La casa transpiraba una benigna atmósfera adornada por una plácida serenidad, que inspiraba la afable sensación que nos aseguraba que habíamos emprendido un camino de despejada autenticidad sin falsas expectativas ni negaciones obsoletas. Planeamos estos días con la normalidad que nos permitía la extraordinaria situación a la que decidimos embarcarnos.

Hablamos, iniciamos conversaciones que a nosotros se nos antojaban profundamente reveladoras; a pesar de la mayoría de las veces, tenían un regusto un tanto cargado de pedantería.

Cuando el dolor apretaba nos despertábamos juntos, y cuando las crisis amainaban saboreábamos los silenciosos atardeceres tomados de las manos. Sin embargo, a medida que pasaban las semanas —concretamente, a partir de la tercera— surgieron sutiles desavenencias, hasta que estos naturales roces emocionales afloraron convertidos en abiertas confrontaciones. Detrás de las idílicas fachadas, los conflictos se recrudecieron hundidos en las ciénagas emocionales. Amanda, agotada físicamente, comenzó a sufrir, por un lado, altibajos de amor y compasión hacia mí y, por el otro, frustración y enfados.

¿Contra mí, contra el destino, contra mi decisión de abrazar los cuidados paliativos?

A punto de finalizar la tercera semana cargada de evidentes tensiones en el aire, rompieron en una dolorosa discusión causada por un insignificante detalle a todas luces trivial: intenté levantarme de la cama yo solo, contraviniendo así sus instrucciones al respecto de no ir al baño sin su ayuda o, al menos, su supervisión desde la puerta, pues estuve a punto de sufrir una aparatosa caída.

Amanda, asustada, reprendió mi conducta en un tono más áspero del que usaba en sus habituales regañinas.

—Tienes que esperar sentado a que te ayude.

—Estoy, en realidad, cansado de sentirme un inútil —reclamé—. Para una cosa tan simple estoy más que capacitado, ¡joder!

Ella, rompiendo a llorar con lágrimas cargadas de un desagradable desconsuelo, me respondió:

—No comprendes que no soporto… —Hizo una pausa que rezumaba la desbordante insidia que la atormentaba.

—Quisiera hacer más, pero esto es demasiado para mis fuerzas.

—Tú decidiste no intentarlo todo cuanto antes.

—¿Que yo qué?

Sin dejar de sollozar, Amanda permitió que todo lo que llevaba dentro saliese al fin al exterior.

—Decidiste no intentarlo todo para quedarte conmigo… Yo te he secundado, te he ofrecido mi apoyo. Puedes estar seguro de que te he apoyado, pero hay veces que siento que podrías vivir, luchar más, y me odio a mí misma por pensarlo. Con todo el dolor de mi corazón, reconozco que eso es lo que pienso y siento. Tengo miedo de perderte, ¡coño! ¿Tan difícil se te hace entender algo tan simple? —acabó, al tiempo que se cubría la cara con las manos sin intentar ya detener el llanto que la poseía amargamente.

Apoyado contra el marco de la puerta del cuarto de baño para no caer en caso de perder el equilibrio, sentí como sus palabras se clavaban en lo más profundo de mi ser; una mezcla de culpa y tristeza. Respondí con voz temblorosa, que apenas podía articular palabra a causa del dolor que emitían los tumores que pueblan mi lengua y la garganta.

—¿Te crees que no lo he pensado? Todos los días me atormento pensando en ti ante la idea de hacerte sufrir, consideré si debía intentar algo más, no quería arrastrarte a un calvario de falsas esperanzas, interminables hospitalizaciones y horribles efectos secundarios. Decidí ahorrarte ese suplicio. Quizás me equivoqué, puede que sea un cobarde por negarme a pelear contra el cáncer, pero sentí que esa era mi manera de quererte, de amarte, y también de estar juntos siendo yo mismo con mis defectos y mis virtudes. Consideré que de ese modo disfrutaríamos de días llenos de intensa calidad.

»Quiero que me recuerdes así, entero, persiguiendo una meta auténtica; que a las demás personas que pasan por estas mismas circunstancias les sirva de inspiración para que sean capaces de liberarse del miedo que corroe al enfermo terminal.

»¿Crees que soy un ser especial lleno de una valentía que no poseo, sin que me importe hacerte daño? Realmente llegué a pensar a quién no le importa hacer sufrir al ser querido rechazando la oferta de los doctores a cambio de unas migajas de tiempo falsificado, cargado de sufrimientos infligidos no solo a mi persona, también a ti.

»Prefiero enfrentar lo desconocido sin máscaras ni dobleces, aceptar marcharme sin tener que pagar el precio de alargarte la agonía de ser testigo de los padecimientos que aporta la quimioterapia. Tú eres la única a quien amo y de la que he recibido amor verdadero durante estos cuarenta años que llevamos juntos…

En aquel justo instante, nuestras barreras se desplomaron al unísono. Sin mirarnos, unimos nuestros íntimos alientos, obedecimos lo que susurraba nuestro destino.

Amanda lloró sobre mi escuálido pecho; yo apreté los puños hasta hacerme daño… y supe que nada ni nadie conseguiría doblegarme ante la triste muerte anunciada, desde aquel momento empobrecida, derrotada, conocedora de la fuerza arrolladora que impediría que la mía jamás desease los vacíos deseos de mi muerte anunciada.

VIERNES, 2 DE MAYO DE 2025

5:33. Madrugada del viernes. El silencio, mi fiel compañero, como cada jornada me regala su invisible presencia. Es el amigo que otorga y no demanda nada a cambio. El silencio que se ostenta en mi casa para proteger mi cerebro y mis ideas, para que sea capaz de alcanzar mi meta, mi objetivo, que al igual que la sagrada llama olímpica pasee por el mundo de los libros compartiendo los ejemplos que con tanto amor y desapego vierto en este manuscrito que yo he titulado *Conclusiones*.

Como siempre, paso a elaborar un balance de lo sucedido ayer.

Mi estado de salud se divide en dos segmentos bien diferenciados: el anímico y el físico. El primero está intacto y fortalecido como el primer día. En cuanto al segundo, lamento reconocer que avanza a pasos agigantados.

Ayer jueves estuve padeciendo dolores prácticamente todo el tiempo, esta vez provocados por las hemorroides, dolencia que nunca fue parte de mi condición física.

Es un dolor constante, tengo la sensación de que amplificado por el resto de los malignos personajes que interpretan la tragicomedia de mi día a día. Resulta neciamente doloroso que Amanda haya decidido dejar en mi mesita de noche una jeringa con una dosis de rescate de morfina para que me la pueda administrar yo mismo en caso de necesidad.

SÁBADO, 3 DE MAYO DE 2025

1:00. Es sábado, medianoche. Para mi gusto, el clima se ha portado de maravilla con Andalucía, que ha recibido copiosas lluvias —espero que beneficiosas para la tierra—.

La pasada jornada tuve mis más y mis menos. La cita con Carlos Torres, mi editor, se fue al garete por causa del desarrollo de mi enfermedad. Lo siento mucho, Carlos, gracias por tu comprensión y paciencia.

El caso es que padecí una inoportuna crisis de dolor que hizo acto de presencia a destiempo.

La buena novedad: Amanda ha contratado a una enfermera, Clara, para que se haga cargo de mí algunas horas al día. Clara me da la impresión de ser una buena profesional, cualificada y capaz.

Las dolorosas quemazones producidas por las hemorroides continuaron durante todo el pasado día, aunque he de decir que con un nivel moderado de dolor que yo me veo más que capacitado de soportar.

Además he comenzado a trabajar en un proyecto nuevo, un relato donde analizo y resuelvo las razones de mi decisión de acogerme a los cuidados paliativos, vistos bajo el prisma de lo filosófico, el existencialismo, lo psicológico, e incluso desgloso las diferentes propuestas que he adoptado de los pocos conocidos con los que cuento.

El apartado tiene visos de resultar ameno e interesante, lo bueno es que se presta a ser añadido en el rango de cualquier fecha que me resulte más conveniente en el seno del proyecto *Conclusiones*.

Hoy me he sentido un tanto tristón, imagino que es una reacción, una consecuencia muy humana teniendo en cuenta las circunstancias que enfrentamos Amanda y un servidor.

SÁBADO, 3 DE MAYO DE 2025

16:15. Los constantes dolores que me producen las hemorroides no han cesado desde que hicieron su aparición. La duración de estos, que yo aseguraba que era de un segundo, es errónea; me preocupé de contarlos y resulta que oscilan entre ¡un minuto y minuto y medio! Aunque, eso sí, son constantes. Ya he mencionado en bastantes ocasiones que tolero el dolor bastante bien. Es cuestión de entender el ritmo del mismo, por ejemplo: en mi caso, un minuto de una intensidad algo más que moderada, cuando aparece me detengo, me aferro al bastón, que siempre llevo conmigo, y aprieto fuertemente con las dos manos, con todas las fuerzas que pueda liberar; llamo a esta estrategia la técnica del bastón. Da la impresión de que mi cuerpo libera el «Ki» (fuerza vital en las artes marciales chinas y japonesas) desde el bastón hasta absorber el dolor que vibra en mi cuerpo, como el pararrayos absorbe la energía eléctrica y la redirige a tierra.

Aun así, insisto, el dolor es manejable, puedo arrinconarlo y permitirme continuar escribiendo.

Las ideas van y vienen, revolotean juguetonas, me sugieren historias, soluciones, respuestas que yo acepto agradecido.

Paralelamente a estas entradas que elaboro en mi diario, estoy componiendo un par de narraciones cortas.

SÁBADO, 3 DE MAYO DE 2025

18:45. Escribo para ilustrar todas estas fascinantes experiencias que se han cruzado en mi camino tan inoportunamente.

Abrigo la esperanza de que en el ineludible punto de mi partida se me revelará el propósito del secretismo de la muerte, aunque sé que es una oculta fantasía de mis años de juventud.

El solo hecho de atesorar la conciencia de mi infinitud es de por sí un cálido argumento que no hay por qué revelar (entropía): «Nada muere, todo se transforma». ¡Silencio! Se abre el telón del «teatro solo para locos».

Cuando la vida desplaza sus intrínsecas realidades hacia una veracidad absoluta —tan real, tan demostrada—, las expectativas del enfermo terminal, de sus familiares, amigos y conocidos colapsan estrepitosamente, se crea un bloqueo, un sinsentido donde todos los personajes adquieren distintas relevancias, diferentes papeles entre los que el enfermo terminal es el personaje principal.

Este es el mártir sagrado que va a ser ofrecido, inmolado a semejanza del cordero de Dios, que debe aceptar el sacrificio y también —según algunos— tener fe en ese poder supremo que quizás pudiese obrar el milagro de la sanación…

Otros prefieren el combate abierto, la olímpica fortaleza de los semidioses.

«Dejar de luchar contra el cáncer es cobardía. Pelea, ocupa tu lugar en la arena del circo de la vida, no malogres el espectáculo. Ave, vida, los que van a morir te saludan».

Hasta la decisión final, la más humana.

DOMINGO, 4 DE MAYO DE 2025

0:44. Recapitulemos… El sábado transcurrió a paso veloz a pesar del inconveniente dolor que me producen las hemorroides (ni siquiera estoy seguro de que sean estas las causantes). Me molestaron constantemente, aun así he podido escribir bastante.

Conclusiones promete. Estoy contento de lo conseguido hasta el momento, intuyo que se va a leer bastante, lo importante es que no quede arrumbado en las estanterías de cualquier librería acumulando polvo.

El cáncer sigue avanzando por mi cuerpo «como Pedro por su casa». Lo puedo sentir. La pérdida de peso continúa, lo curioso es que tengo muy buen apetito, devoro todo lo que Amanda me prepara.

Otra peculiaridad relacionada con mi dieta: únicamente me apetecen las comidas frías. Se acercan los días del gazpacho, plato tradicional que tomamos en Andalucía a diario desde el momento en que aumentan las temperaturas.

DOMINGO, 4 DE MAYO DE 2025

23:11. He terminado de cenar y he tomado la medicación.

El día ha transcurrido a la perfección, ya casi al final de la jornada cometí el error de aplicarme en demasía una crema para aliviar la inflamación de las hemorroides. Por lo visto, las dosis no se deben aplicar más de tres veces al día, y yo la aumenté más de lo debido, la utilicé cinco veces, dando como resultado un efecto rebote que recrudeció el dolor. He soportado un dolor infernal en el ano, gratuitamente, cuando ya las molestias habían remitido.

Amanda me ha recordado que la pasada madrugada, sobre las tres, sufrí una crisis de dolor que la obligó a administrarme una dosis de morfina de rescate...

He de decir que no soy muy amigo de la morfina. No me gusta el efecto que aporta a mi organismo, sobre todo la de rescate.

DOMINGO, 4 DE MAYO DE 2025

23:46. Tengo todo dispuesto para escribir, estoy calmo, relajado, los dolores han desaparecido. Estoy inmerso en un beatífico letargo, algo que agradezco dadas las circunstancias.

Hoy he experimentado un cúmulo de emociones encontradas, que quizás explicaré en las páginas de este sufrido diario mío, «mi paño de lágrimas».

Mi esposa y yo hemos mantenido una interesante charla sobre el tema de los amigos. ¿Cuántos amigos pueden considerarse como tales dentro de un contexto racional como es en el caso del enfermo terminal? ¿Existen los amigos en el sentido completo de la palabra? ¿Qué significa hacer honor al título cuando la relación se da con el enfermo que sabe y cuenta con el tiempo limitado?

Sobre este tema me extenderé más adelante, por ahora me detengo aquí.

LUNES, 5 DE MAYO DE 2025

13:55. Casi las dos de la tarde. Si he de ser sincero, no guardo memoria de la noche pasada. Sé que me desperté a las ocho de la mañana, que desayuné e ingerí los medicamentos de rigor, y que pasé a limpio lo escrito hasta ahora de un relato corto que espera paciente el turno de hacer su entrada en este diario.

Creo que no sufrí ningún ataque de dolor, incluido el que me ha estado molestando estos últimos días.

Así que aprovecho la tregua que me ofrece el cáncer, voy a centrarme en los relatos que se gestan en mi cabeza, el mágico universo de mis ideas…

LUNES, 5 DE MAYO DE 2025

15:44. Mi cuarto guarda el respetuoso silencio que se le debe al enfermo hospitalario atrapado en las tenues redes del caduco.

LUNES, 5 DE MAYO DE 2025

15:48. Final anunciado, un hálito cargado de expectativas flota de aquí para allá como si de un asustado animalillo convertido en presa se tratara.

En mi dormitorio, los recuerdos tejidos con las infinitas hebras de mis jóvenes ilusiones acontecidas prematuramente, cuando la magia era parte de lo cotidiano, que unían las horas y los minutos apurados con el ansia que otorga el amor sin condiciones.

Los recuerdos retrocedían hacia otros tiempos, a los días de tantas soledades compartidas con Amanda en las desabridas tierras californianas. Escenas pintarrajeadas de tonos extranjeros que cuadraban en el marco de aquellas vastedades de negros digitales poseedores de sus arraigadas ignorancias indeseadas.

MARTES, 6 DE MAYO DE 2025

0:15. El martes llegó a los quince minutos pasados de la medianoche, tumbado en la cama en mi postura favorita, con la espalda más o menos erguida contra el respaldar de la misma.

Ausencia de sufrimiento, mi ánimo está fuerte, dinámico, saludable y añadiría que también fiero. Estoy muy ilusionado, tengo un boceto claro del propósito de *Conclusiones* y de los videoclips diarios. ¡Excelente, genial!

Ahora solo falta el visto bueno de la vida y… de la otra. Me niego a nómbrala, no por miedo, sino porque te ignoro, señora ataviada de lutos y baratijas. Te prefiero desnuda, cruel. Como eres…

Pienso colgar los vídeos cortos que grabo a diario en el centro del formato y fotos más o menos desdibujadas relacionadas con escenas de mi propia vida. Creo que resultará ameno. Estoy convencido de que el proyecto va a salir bien, espero que la vida recompense los esfuerzos.

MARTES, 6 DE MAYO DE 2025

1:40. Y sufrimientos que está soportando Amanda desde que comenzó mi enfermedad y desde el fallecimiento de su madre.

1:59. Rozando las dos de la madrugada, estoy desvelado. Amanda piensa que el insomnio lo causa la ansiedad; le he aclarado que no es ansiedad, que se debe al dolor que me producen las hemorroides, que al ser pasajero se lo oculté para liberarla de otra carga más.

Con la llegada de las enfermeras está muy contenta, ya que así dispone para ella de momentos de calidad. Si Amanda está contenta, yo lo estoy también. No nos engañemos, todos mis esfuerzos están concentrados en procurar su bienestar. Necesito que mi esposa enfrente estos momentos con la misma valentía con la que ha batallado toda su vida, no existe otra manera para enfrentar las adversidades. Batallar sin permitir que el desánimo se apodere de la conciencia.

Miércoles, 7 de mayo de 2025

7:58. ¡Buenos días! Mundo, está a punto de dar las ocho de la mañana. Sentado a mi mesa me dispongo a escribir la entrada diaria en mi querido diario.

Lo primero es lo primero: la enfermedad ha decidido darme una tregua que yo voy a aprovechar sin pensarlo dos veces.

Tengo el humeante vaso de cartón reciclado lleno de café negro y mil cosas que escribir. Hace unos minutos me revisé la presión arterial, que está controlada. Quiere esto decir que puedo apurar el delicioso brebaje, que esperaba mi aprobación para ser consumido.

No hay rastro de dolor, mis ideas están vivazmente claras. El ánimo, como siempre, dispuesto a enfrentar lo que venga.

He dejado a mi esposa durmiendo plácidamente en nuestro silencioso dormitorio.

¡Ah! Casi se me olvida anotar que…

MIÉRCOLES, 7 DE MAYO DE 2025

8:09. En el día de ayer el personal de cuidados paliativos trajo una cama de hospital, que no usaré mientras no tenga necesidad de ella. Sin embargo, Amanda la estrenó muy interesada, como una chiquilla traviesa, contenta de poseer una herramienta para mantenerme cómodo.

Con el beneplácito de Amanda, he tomado decisiones importantes para su futuro. No quiero entrar en detalles que en estos momentos estarían fuera de lugar. En páginas posteriores ofreceré la información plasmada en este diario.

MIÉRCOLES, 7 DE MAYO DE 2025

8:28. No puedo dejar estas páginas sin plasmar el sincero testimonio de todo lo que me aconteció en el día más importante de mi existencia a la edad de mis setenta y seis años recién cumplidos.

El diagnóstico

No recuerdo el momento en el que perdí la conciencia, como sucede con lo irremediable. Mi entrada apenas dejó un resquicio de lo que estaba a punto de suceder en el escenario de mi tensa conciencia.

Los médicos, en cambio, pusieron título a la escena con precisión quirúrgica:

—Cáncer con metástasis, en fase tres, localizado en la base del cerebro, y quizás en la garganta.

Desde esta entrada que escribí en mi diario abrigo la extraña sensación de existir en algún otro lugar como un observador consciente que observa al yo que sufre.

El que padece es el doliente sometido a las malignas células cancerígenas; el que observa es el protagonista, el que escribe y documenta. Y escribe porque intuye que a través de esa herida yace la verdad, no una verdad basada en la medicina, sino humana.

Existe un significativo momento en el que el cáncer deja de ser un sustantivo innombrable y pasa a ser un nombre propio.

Es la evidencia de una sentencia frente a una sospecha.

Recuerdo exactamente el gesto de la joven doctora, una asustadiza mueca exenta de crueldad, cuando enumeró las palabras clave: fase tres, base del cráneo, metástasis. Como si el mundo hubiera comenzado a andar en un idioma extrañamente ajeno al mío.

Fuera, la gente caminaba afanada en sus cosas…

Esta sensación es una de las primeras secuelas de la ruptura entre dos realidades, yo caminaba arropado por una viscosa burbuja de invisibilidad, inadecuadamente vivo.

Al poco de revelárseme mi diagnóstico, decidí que el cáncer no era solo mío. Yo lo acarreaba en mi cuerpo, pero su eco se esparcía entre los que me rodeaban, como si cada célula cancerígena anunciara su existencia en las soledades de los cariacontecidos espectadores.

Nadie sabe muy bien cómo comportarse ante la vulnerabilidad ajena. Hay quien te mira con una piedad a todas luces forzada, se dirige a ti como si le hablase a quien no debe saber la verdad. «Los Reyes Magos son tus padres», afirman temerosos de que el niño descubra el fraude y se pueda ver afectado por la cruda realidad.

El tiempo se ralentiza

Antes del diagnóstico el tiempo era una corriente que fluía, en la que me dejaba mecer distraído. Siempre algo, nada, algo que aplazar. Una mañana dispuesta a dejarme. La muerte no es algo que sucede, la muerte es un horizonte en sí misma, un destino que sucede. La realidad de los demás y mi realidad son dos planos que se rozan inadvertidos como por accidente, son los dos presentes, el mío es el mismo que contiene todas mis horas.

Heidegger aseguró que la muerte no es un suceso que simplemente tiene que llegar, es el modo más íntimo de ser el Dasein (ser humano consciente de su propia existencia).

Cuando te dicen que el cuerpo ha empezado a vaciarse por dentro, yo disiento y afirmo: lo primero que cambia no es el cuerpo, sino el almanaque. El futuro se encoge. No es la muerte lo que me preocupa, sino el miedo a ella.

MIÉRCOLES, 7 DE MAYO DE 2025

23:11. Doy por terminada la jornada, estoy agotado, no puedo escribir. Voy a cerrar los ojos, me dispongo a ensayar mi escena como si fuera el último acto.

Jueves, 8 de mayo de 2025

0:05. He dormido apenas una hora. Estoy aquí de nuevo, algo desconcertado sin saber muy bien qué hacer.

Jueves, 8 de mayo de 2025

5:35. Me está atacando un dolor en la boca, en la lengua y la cabeza insoportable que ha interrumpido mi sueño.

Amanda me ha administrado una dosis doble de morfina, apenas puedo escribir, el dolor es brutal.

6:08. He recibido dos dosis de morfina de rescate, y Amanda quería administrarme otra, de acuerdo con las instrucciones del doctor, a lo que yo me he negado.

Jueves, 8 de mayo de 2025

6:12. Esta es una primera escaramuza, si me dejo vencer a la primera de cambio, ¿cómo voy a ser capaz de pelear en serio con el miedo al dolor?

Mi muerte, por supuesto, tiene que ser indolora. Soy un hombre digno, nada va a conseguir que incline mi testuz.

El dolor ha durado cinco minutos y medio. Cuando me atacó creo que dormía profundamente. Emerger del sueño de esta manera es una sensación que yo quiero calificar como patética.

Cuando sufres un dolor de tal intensidad te conviertes en un animal acorralado. Durante los primeros instantes, el animal que eres contrataca, mas cuando el contrario te supera gimes y le suplicas. Este no va a ser mi caso, porque mientras yo posea un hálito de fuerza continuaré plantado frente a la vida como un ser humano…

JUEVES, 8 DE MAYO DE 2025

6:58. Van a ser las siete de la mañana, el dolor ha remitido en su totalidad.

¡Gracias, Amanda! Gracias por tu valentía, gracias por el coraje demostrado hoy (solo hace unos instantes), has peleado como lo que eres: una mujer valerosa, un digno ejemplo de la superioridad que ostentas frente a los extravagantes machos rumiadores de fracasos y saciedades adquiridas a destiempo.

8:18. La enfermedad (mi muerte) ha decidido mostrar su vaciedad. El ataque que acabo de rechazar ha sido una muestra fehaciente de cómo van a ser mis días a partir de ahora.

Las armas con las que cuento para mi defensa son:

1. Yo mismo, mi actitud frente al dolor.

2. Amanda, su valor irreductible.

3. Clara, mi enfermera, cuento con su profesionalidad.

Con estos elementos me siento preparado para controlar las futuras crisis, que ya han empezado a mostrarse.

A partir de este momento yo mando en mi enfermedad. Tengo intactas mis ideas, mi cerebro —que aunque esté dolorido sigue lúcido—, y ¡tengo apetito! Las comidas me resultan (valga la redundancia) apetitosas. Aquí estoy dispuesto para continuar luchando.

He alcanzado el punto de no retorno, en una atalaya donde puedo reflexionar, repasar viejas memorias, rumiar mi conciencia para tomar las decisiones que demandan mi corazón y mi cerebro.

Veamos, desde hoy desaparecen de las escenas de mi nueva realidad todos los personajes secundarios pesos muertos, necesito mis energías para mantenerme firme. Ya no tengo tiempo para entretener a los demás, ha llegado la hora de la verdad. La casa, nuestra casa, es desde ahora el campo de batalla donde Amanda y yo nos enfrentamos a la triste verdad, verdadera realidad.

Muerte, tristeza, frustración, rencores y arrepentimientos.

Desde ahora mi hermano y mis amigos desaparecen de este diario, no pienso lidiar con las compasiones ajenas, porque lo que realmente cuenta son los apoyos de Amanda, la perfecta simbiosis recreada por nosotros dos.

Se abre el telón del «teatro solo para locos».

JUEVES, 8 DE MAYO DE 2025

23:35. Padezco de molestias en el ano, es un dolor sordo muy persistente. Amanda me acaba de administrar un medicamento para combatir la ansiedad.

SÁBADO, 10 DE MAYO DE 2025

2:19. Pasadas las dos de la madrugada del sábado.

Ya expliqué en páginas anteriores que Conchi, la doctora que se ha hecho cargo de la buena marcha de mis cuidados paliativos, me visitó junto con otra doctora (perdóname, desde que mi enfermedad se mostró tiendo a olvidar todo aquello que no esté dramáticamente relacionado con el proyecto *Conclusiones*). Las dos me transmitieron una cálida seguridad de estar en manos de buenas profesionales y mejores personas.

Cada día doy gracias a la vida por haber puesto en mi camino a todos estos seres humanos tan cabales. Yo estaba seguro de que al regresar a mi tierra me colmaría de lo mejor que mi Andalucía y, sobre todo, mi Sevilla dispusieran.

SÁBADO, 10 DE MAYO DE 2025

2:36. Toda la jornada anterior ha transcurrido con un inefable sosiego. Dormí una larga siesta, escribí bastante e incluso compuse un par de espontáneos poemas.

¡Mis queridos Lorca, Keats, Bécquer, Withman! ¿Qué habría sido de mi vida si no hubiese tenido la oportunidad de leeros? Para mi fortuna, tengo vuestras obras y las de muchos otros.

¿Qué hubiera sido de mí sin la música?

La vida, tan indiferente, parcial, ¡tan llena de magia! Las incertidumbres entre las satisfacciones y tus inexplicables absurdidades son parte de los mosaicos que delinean nuestros pasos por los caminos y las verdades que aparecen difuminadas en tantos y tantos atardeceres colmados de las sinfonías compuestas de sonidos, olores a veces cálidos, amistosos, y otras, liderados por exasperantes dudas cuajadas de indiferentes sinsabores.

SÁBADO, 10 DE MAYO DE 2025

2:42. Las muertes son las raíces decoradas con el llanto de los niños sin regazos de mujeres.

La muerte se alimenta de las plegarias de las mujeres verdaderas que iluminan los caminos de los hombres dispuestos a ver.

La muerte no vale nada sin haber tenido una vida verdadera. Es la portadora de los lamentos de «¡ay, si lo hubiese sabido!».

Las tardías comprensiones de lo que nunca estuvo escrito. La condición ineludible del nacimiento del niño precursor del superhombre…, el hombre nuevo.

La muerte es lo que es. El bardo que le canta a la vida, a la conciencia de los muertos.

SÁBADO, 10 DE MAYO DE 2025

2:07. Ya ha llegado el sueño, voy a cerrar los ojos para hacer una pausa.

Veamos, le voy a otorgar al sueño otra oportunidad…

SÁBADO, 10 DE MAYO DE 2025

7:08. A las siete de la mañana del sábado retorno a mi diario para contar la evolución de mi enfermedad. He dormitado durante unas cuatro horas, estoy muy descansado, no siento molestias, ni rastro de algún dolor. Hay una excelente noticia que compartir: ¡estoy engordando, ganando peso! Hace una semana noté que tenía buen apetito, comía más. Bien, pues he aquí el resultado. No sé mi peso en números, la báscula digital que tenemos en casa no funciona, la batería está agotada, pero los pantalones me cuentan que la cintura está más cerca de mi talla anterior a la enfermedad. En cuestión de unos quince minutos me levantaré de la cama —con el permiso de Amanda previamente otorgado— para dar comienzo a mis rutinarias actividades.

Han pasado casi dos meses del inicio de la enfermedad que ha cambiado mi vida. Desde la primera noticia —que yo sabía que iba a recibir tarde o temprano, había previsto que ocurriría— elaboré un plan de contingencia, una estrategia planificada con todo detalle para enfrentar los choques emocionales o de otra índole que no dudaba que harían acto de presencia.

Visto desde una corta perspectiva semejaba ser una tarea complicada, que con dedicación y eficiencia se podía llevar a cabo. He contado una y otra vez, hasta la saciedad, cómo fue el principio: diagnóstico, reacción, etc.

Las semanas se han ido, mi tiempo fluye al ritmo que marcan las pautas de mi muerte. El miedo a traspasar el umbral de lo desconocido no existe, su lugar lo ha ocupado una peculiar mezcolanza de absurdidad y malsano entusiasmo acompañado de un orgullo un tanto rocambolesco, causado quizás por la oculta compañía del miedo, que pudiera estar esperando justo para hacer acto de presencia.

SÁBADO, 10 DE MAYO DE 2025

17:00. Presencia espectacular para causar el desencanto o el desánimo en los espectadores ante el fracaso de mi tan cacareado valeroso enfrentamiento.

Confío con todos los ímpetus de mi corazón que los temores que a veces abrigo queden solo en eso, en miedo escénico al fracaso, una sensación a la que estoy habituado gracias a mi pasado artístico como músico.

Ahora sé que ha llegado el momento en el que la oscuridad tomará las riendas de mi espíritu desbocado, me sumergirá en la negrura impenetrable, la nada. ¿Quién sabe lo que encontraré?

Mas mientras no llegue el instante sin retorno, debo mostrar mi seguridad más absoluta, conservar mi ánimo para que, sobre todo, aquellas personas que vean los vídeos cortos que grabo a diario sepan que mis palabras descansan sobre un sólido pedestal indestructible.

DOMINGO, 11 DE MAYO DE 2025

2:56. Las horas se despliegan raudas frente a mi tiempo acelerado.

DOMINGO, 11 DE MAYO DE 2025

6:41. Van a ser las siete de la mañana, he despertado, me siento fresco y descansado. Mi estado, en general, es bueno, no padezco dolor. En unos minutos me sentaré a mi mesa en el salón.

En el día de ayer mi hermano y yo interpretamos uno de esos típicos enfados producto de las ambigüedades de Alfonso a la hora de comunicarse conmigo, para hacer honor al sello familiar del secretismo y las ocultaciones, a los que son tan aficionados.

LUNES, 12 DE MAYO DE 2025

15:35. Casi las dos de la tarde. Si he de ser sincero, no guardo memoria de la noche pasada. Sé que desperté a las ocho de la mañana, que desayuné e ingerí los medicamentos de rigor, y pasé a limpio lo que tengo escrito de un relato corto que espera paciente su turno de hacer la entrada en este diario.

Creo que no sufrí ningún otro dolor, ni siquiera el que me ha estado molestando estos últimos días. Así que aprovechando las treguas que me ofrece el cáncer, voy a centrarme en los relatos que se gestan en mi cabeza, en el mágico universo de mis ideas.

LUNES, 12 DE MAYO DE 2025

15:47. Mi cuarto guarda el respetuoso silencio hospitalario que se le debe al enfermo atrapado entre las frágiles redes del caduco final anunciado. Un hálito cargado de expectativas flota de aquí para allá como si de un asustado animalillo convertido en presa se tratara.

En mi dormitorio, los recuerdos tejidos con las infinitas hebras de mis jóvenes ilusiones acontecidas prematuramente, cuando la magia era parte de lo cotidiano de las horas y los minutos apurados con el ansia que otorga el amor sin condiciones.

Los recuerdos retrocedían a otros tiempos, a los días de tantas soledades compartidas. Escenas pintarrajeadas de tonos extranjeros que cuadraban en el marco de aquellas electrizantes vastedades de negros digitales poseedores de sus arraigadas ignorancias indeseadas.

Contemplo, de la mano de mi memoria o quizás por el delirio de la morfina, las calles de mi barrio... El niño de pantalones cortos con las rodillas despellejadas, jaleando, brincando entusiasmado. Respiro el gozo de la niñez libre, sin tapujos, cuando aún no sabía lo que era el miedo a las incongruencias de las puertas entornadas donde se cuentan los pecados a cambio de las penitencias y los rosarios que penden indiferentes de los negros misales de ajada nácar. Del callejón donde siempre a la misma hora las hirientes iridiscencias del puntual rayo de sol que embellecía el cartel pintado con temblorosa mano que anunciaba: «Chucherías, tebeos, pipas de girasol».

Al poco llegó la juventud y, con ella, la dulce carencia de las primeras veces, acompañadas de los rumores murmurados por esperanzados alientos; los desengaños pausados que siempre prometían un dulce final.

La madurez vino como llegan las tardes de otoño, persiguiendo los verdores de las primaveras sin conseguir agostarlos. Con ella, las esperanzas huérfanas de tristezas, a veces los desengaños justificados a medias, las recompensas vestidas de dignidad.

Aprendí a insistir cuando el otro necesitaba mis silencios. Sin duda, obtuve años de bonanzas perecederas y desarraigadas, puertas colmadas de vaciedades. Aun así, cuando tú, vida, me obligabas con violencia a hincar en tierra mis rodillas, al poco de mi derribo yo me erguía orgulloso y altivo, e incapaz de prolongar mi derrota te enfrentaba otra vez, vida. ¿El valor nacía de mi alma, de mi voluntad, de mi conciencia? No lo sé, siempre me erguía…

Hoy, cuando miro y repaso lo pasado no hay nostalgia, mi sentimiento es gratitud porque aun en las secas oscuridades encontré la belleza de las miradas antiguas de los ojos oscuros de mieles y almendras, de los cuerpos como el tuyo, los que supieron y me enseñaron a amar los misteriosos rincones apenas conquistados por otras manos, otros alientos, otras sombras pasajeras.

Abandoné lugares, personas, realidades. Hurgué en heridas extranjeras. Encontré alivio en compañía de míticas realidades irreconciliables con mi antigua fe de negros ropajes aduladores de cristos martirizados.

Todavía miro hacia atrás, encuentro el sentido que siempre quisiste mostrarme, vida: que tu absurdidad era el simple reflejo de mi propia persona, incapaz de cruzar el umbral de la vieja mansión abandonada sin portalones ni puertas que impidiesen las huidas ni las entradas. Te he vivido como creí que podía, por ello declaro sincero: ¡no hay culpas! Tú eres la vida, eres yo, y mi muerte, tu eterna compañera.

Lunes, 12 de mayo de 2025

2:47. Rondando las tres de la madrugada del lunes 12, retomo la escritura de este diario para reflejar el balance de la semana.

Ausencia de dolor, sin molestias dignas de mencionar, a excepción del agravamiento de los tumores localizados en la lengua y la garganta. El insomnio sigue ahí, aunque no supone ningún problema.

Hoy he trabajado bien y en abundancia con el proyecto *Conclusiones*. Estoy a la espera de las noticias de Carlos acerca de las ciento quince páginas que le envié del manuscrito.

En casa, Amanda y un servidor hemos alcanzado un óptimo equilibrio entre los sufrimientos.

LUNES, 12 DE MAYO DE 2025

2:57. Y el diferente ritmo de nuestros tiempos. ¡Por fin! Concedió que la raíz de nuestras crisis radican en la diferencia de los tiempos que manejamos. Entendió que el mío es limitado y el de ella más extenso, es decir, para Amanda una hora consta de sesenta minutos, y para mí seguramente, ¿o no?

En fin. Buenas noches, diario…

LUNES, 12 DE MAYO DE 2025

23:29. Parece que el lunes 12 de mayo llega a su fin. Cena, medicamentos y una amena sobremesa conversando con mi querida Amanda.

Es curioso cómo los universos que han interactuado desde que se descubrió la existencia del cáncer en mi cuerpo se han distanciado el uno del otro. En el mío, ya solo estamos yo mismo y Amanda; en mi antiguo espacio, el universo de «los sanos», están todos los demás personajes, ya que en el mío solo serían comparsas, corifeos apenas visibles entre las bambalinas.

Amanda es el personaje principal en los dos mundos donde se representan las dos versiones de las mismas escenas.

Por ello me siento satisfecho de mi conducta… Me explico: al cabo de haber algo de mi energía vital, decidí charlar un rato con Juan. Durante la fructífera conversación que mantuvimos pude liberarlo de la carga que puse sobre sus espaldas. Le aseguré que a mi muerte, incluso antes aún, en vida…

LUNES, 12 DE MAYO DE 2025

23:41. Yo me haría cargo de la publicación del libro y todo lo relacionado con los medios. Él reconoció y comprendió que entre nosotros ya no había necesidad de resguardarnos tras las lógicas máscaras que todos debemos llevar en la realidad de «los sanos».

Al final nos sentimos aliviados los dos, compartimos nuestras actitudes y sufrimientos como siempre, sin la ayuda de los inquietantes tapujos, esas obligatorias herramientas tan necesarias en los universos de las vidas traicioneras.

Ahora solo somos tú y yo, Amanda. Como siempre, debemos enfrentar esas múltiples realidades a las que la vida nos condena.

MARTES, 13 DE MAYO DE 2025

0:20. Dice el refrán: «Martes, ni te cases ni te embarques». A saber cuál es la raíz del mentado refrán. Una de tantas supersticiones que inventamos las dolientes almas que hemos sido arrojadas sin pedirlo a las espesas ciénagas de la vida.

Acostado en mi lecho, con la espalda erguida y apoyada contra el cabezal de la ancha cama que compartimos Amanda y yo, escribo como siempre. ¿Qué otra cosa podría hacer a estas alturas?

Amanda, en el salón, cincela dulces melodías con su magnífico lutier recién creado para su disfrute. Verdaderamente, oyéndola tocar comprendo que está feliz y, por añadidura, mi corazón brinca de contento, como cuando era el niño que correteaba por el barrio hasta las tantas de la noche luchando en las «guerreas» contra los niños del barrio enemigo.

Martes, 13 de mayo de 2025

3:27. Cerca de las cuatro de la madrugada del martes 13, he retomado el lápiz dispuesto a escribir aquello que me venga a la mente. Ahora que estoy despierto puedo declarar alegremente que ¡no me duele nada!

Mi cuerpo enfermo me dice que todo está bien. Evidentemente, la enfermedad sigue aquí conmigo, pero no desea molestar, se esfuerza en pasar desapercibida, como una niña tímida a quien han obligado a esperar en casa de la vecina a que su madre regrese del trabajo para recogerla.

Ayer hube de consumir una respetable cantidad de la poca energía que me queda. Mantuve dos interesantes charlas, la primera con Amanda, hablamos sobre las dos zonas.

Martes, 13 de mayo de 2025

16:34. Para el enfermo con cáncer en fase tres, el tiempo es un cronómetro peculiar. El tiempo en el cuerpo del enfermo transcurre de una manera física perceptible.

Martes, 13 de mayo de 2025

18:34. Cada día aporta manifestaciones nuevas de esta destructiva enfermedad, cansancio angustioso, punzadas de dolor…

Cuando no se sabe cuántos meses de vida quedan, surge una enmarañada incertidumbre acerca del futuro inmediato. La mente del enfermo se ve encadenada al presente de una manera agobiante, para el paciente es difícil planificar más allá del mañana.

Hay enfermos que explican que «el tiempo se detiene en el ahora», es una indiscutible necesidad de dividir el tiempo en pequeñas piezas virtuales para poder manejarlo, porque la totalidad de la realidad resulta terrorífica alejada de las actuales dimensiones espacio temporales. Cuando se sufre o se padece ansiedad, nuestro reloj marcha lentamente. Un minuto de dolor puede parecer eterno.

Martes, 13 de mayo de 2025

18:49. Literalmente, se puede deducir que el enfermo está en un universo de tiempo paralelo.

El reloj de los sanos: la vida sigue

Al otro lado de las secuencias del tiempo, la familia y los amigos (sanos) observan su diferente contador: acuden al hospital para las visitas, planifican los horarios para que cuadren con sus tareas cotidianas, trabajan, hacen compras, llevan a los hijos al colegio…

En el hogar

Cuando le pedí al oncólogo que deseaba que me acogieran a los cuidados paliativos domiciliarios, Amanda estuvo de acuerdo sin dudarlo, a pesar de comprender la enorme carga que yo debería soportar. Apreté su mano agradecido. «Esta decisión no significa dejarme morir». Una semana después, mi esposa transformó nuestro hogar.

El sofá del salón quedó arrinconado y su lugar lo ocupó…

MARTES, 13 DE MAYO DE 2025

19:02. Nos instaló una cama el personal de los cuidados paliativos domiciliarios del hospital militar de Sevilla. Junto a esta, una sólida mesa pequeñita se llenó de medicamentos, pañales, folletos explicativos de los cuidados paliativos que hacían referencia a los pormenores de estos. Decidí que, por el momento, Amanda y yo dormiríamos juntos en nuestra cama de siempre, hasta que las circunstancias decidieran que había llegado el momento de ocupar el simbólico lecho que representaba mi partida.

Juntos aprendimos que los cuidados paliativos no se limitan al final de la vida, ni simplemente a aliviar el dolor, sino que mejoran la calidad del enfermo y de los familiares al cuidado de este.

Hoy una cirujana, la doctora Concepción Conde Guzmán, que me pareció una mujer excepcional, amable y de un trato exquisitamente elegante, vino con su compañera, que creo entender que también era doctora. Nos explicaron cuál iba a ser la situación a partir del momento presente.

MARTES, 13 DE MAYO DE 2025

19:32. ¿De qué constan los cuidados paliativos domiciliarios? Los profesionales de la salud nos dicen que los cuidados paliativos definen una atención activa, aunque el objetivo básico se centra en controlar el dolor. Abarcan también el aspecto emocional del paciente y de los familiares a su cargo.

¿Pelear o concentrarse en la comodidad del enfermo terminal?

En España existe una ley desde el año 2021 que permite solicitar la eutanasia si se padece una enfermedad grave incurable.

Nunca se nos pasó por la cabeza ni a Amanda ni a mí tal solución. «Yo quiero estar lúcido el mayor tiempo posible, quiero terminar el libro póstumo, y si la enfermedad me regala más tiempo, continuar con el trabajo que dejé a medias cuando me ingresaron en la Residencia Virgen del Rocío de Sevilla». Según mi punto de vista, entre eutanasia y suicidio hay una línea muy fina que establece una sutil frontera entre dignidad y cobardía.

MARTES, 13 DE MAYO DE 2025

20:34. Por lo tanto, hemos decidido de común acuerdo interpretar la última escena aquí en nuestra casa Amanda, el personal sanitario de los cuidados paliativos domiciliarios y yo. Queda claramente expuesto que los cuidados domiciliarios abarcan más que la mera asistencia médica. «Comprende la búsqueda del bienestar del paciente y de la familia de este».

MARTES, 13 DE MAYO DE 2025

23:27. Listo para enfrentar la noche y la madrugada del miércoles 14 de mayo. La jornada de hoy ha resultado ser un punto de inflexión en el desarrollo de mi nueva vida en el mundo, paradójicamente, más amable del enfermo terminal, comparado con el vasto universo de los sanos.

Sé que mi vida se extinguirá pronto, sería aconsejable aferrarse a falsas esperanzas, mi muerte no me da miedo. Entendámonos, no soy un supervaliente dispuesto a todo. El guerrero irreducible que vencía a los dragones y rescataba princesas murió cuando pasé de ser niño a jovenzuelo atolondrado por las excitantes aventuras de los eróticos escarceos adivinados a medias. Temo a lo desconocido precisamente por eso, porque desconozco con lo que me voy a encontrar, si es que existe un algo o si, por el contrario, me reduciría en una nada impenetrable.

MARTES, 13 DE MAYO DE 2025

23:40. A lo que le temo es a la vida, la mía, la que me ha dado tanto y causado tantas profundas heridas enconadas que sé que nunca sanarán.

He tenido mucho de todo, la vida me lo ha quitado todo, también me lo ha enseñado todo. La vida, desde el momento que supe mi estado, me dejó en el tiempo acelerado de los muertos que esperan, mi tiempo congelado, el tiempo de los muertos que esperan resignados una segunda opinión, un milagro falsificado o una esperanza baldía.

Yo he sabido calibrar el peso de las máscaras, soportar durante tantas vidas ilustradas de las caballerescas mentiras de los otros y de las mías.

En mi nuevo universo paralelo he sabido comprender que los infelices vacíos que de sano acarreaba eran efectivamente vacíos, vidas vaciadas: los momentos de bonanza vestidos de colorete que simulaban ser de felicidad me obligaron a fingir justo eso, que la felicidad no era baldía.

Gracias a esta otra vida, la de los muertos en espera, he podido sopesar con la calma necesaria que entre este mundo y el otro, el de los sanos, el mío es verdadero. La vida dividida en suspenso es la absurda vaciedad del rey desnudo, la infeliz felicidad que no es otra cosa que humo, niebla cenagosa que empaña los sentidos en el nombre de los míticos guerreros y unicornios del esperpéntico reflejo del falso grial.

Sí, la vida es humo porque quiere engañar a la muerte escondiéndola en los cementerios, en las celosías de los rancios confesionarios, en las batallas infernales de los círculos que desvelan el purgatorio.

La vida se detuvo con Adán y la Eva falsificada. El amor a la sabiduría reducido a la reptiliana forma de las sierpes, a una hojarasca bautizada con el adagio «árbol de la ciencia del bien y del mal», reducido a una paradoja sin sentido donde Lilith y Amaterasu abrazaron las estertóreas oscuridades de la mujer viva y verdadera.

MIÉRCOLES, 14 DE MAYO DE 2025

00:00. Reinas de las noches carentes de estridencias calmas en las caras negras del yin y el yang.

Pero… ¿a qué engañarnos? La vida me fue entregada a cambio de mi cordura, para saborear los sinsabores que alegraban los frescos verdores de las sagradas primaveras donde aprendí a ver a través de los velos a Isis, el oráculo de Dorian Grey que renegaba del absurdo de sus propias fealdades encandilado por los espejismos de Alicia cuando al fin cruzó a través del espejo.

Sí, la vida no vale nada si se la mira con ojos de serpiente tentadora, la vida no es más que eso, compañera inseparable de la muerte, que, al contrario que la vida, aparece negra y risueña. ¡No lo olvides! La vida sería vacío si le faltase la compañía de la muerte.

MIÉRCOLES, 14 DE MAYO DE 2025

0:17. La medianoche del miércoles está a las puertas de mi vida.

MIÉRCOLES, 14 DE MAYO DE 2025

11:45. Este jueves he despertado al mundo muy tarde en relación con el horario que he venido manteniendo últimamente. Amanda me ha administrado un medicamento para calmar la ansiedad que me ha tumbado durante muchas horas, sensación que no me gusta nada. No quiero dormir tanto, es malgastar momentos de mi nueva vida, que no quiero desperdiciar hundido en la inconsciencia.

Así están las cosas. Novedades: acabo de mantener una videollamada con Carlos Torres, mi editor, gran persona, en quien confío plenamente, pues pienso que nuestra relación va más allá de lo profesional. Él y su equipo han hecho magníficos trabajos con *Retales y algarabías, Luminarias (A la mujer y la vida)* y *De durmientes y caminantes,* mis tres últimas obras publicadas bajo su sello, Editorial ExLibric. Hemos decidido publicar *Conclusiones*, mi libro póstumo, estando yo todavía en vida, pues como comenté anteriormente, Juan y Alfonso intentaban complacerme asegurándome que ambos se harían cargo de los trámites, papeleos y los contactos previos con los medios, a sabiendas de que no iban a cumplirlo. ¡Así es la vida! Una vez tramitada la publicación se desvelaría quién es el autor del libro.

Jueves, 15 de mayo de 2025

22:06. Mi interés está motivado por dos poderosas razones.

La primera, que este libro póstumo sirva de inspiración a aquellas personas que se hallen en situaciones parecidas o similares a la mía y, por añadidura, que Amanda reciba un beneficio por la venta de estos cuando yo ya no esté.

Existen otras circunstancias añadidas que de momento prefiero no mencionar, sí puedo adelantar que darán un giro inesperado a la publicación y promoción de la obra *Conclusiones*.

Baste con anunciar que la obra dispone de un mes y medio para dar el paso a su publicación y promoción en los medios, que promete ser emotiva. ¡Suerte, *Conclusiones*!

Jueves, 15 de mayo de 2025

22:19. El jueves no ha resultado ser muy prolífico, la única novedad importante ha sido la entrevista con Carlos Torres y la decisión de publicar la obra conmigo en vida (espero).

He dejado entrever mis razones para poner en marcha el proyecto respecto a cuáles son las prioridades establecidas para ello: el propio libro, y dejarle a mi esposa los derechos de todas mis siete obras, incluido el libro póstumo.

Me siento satisfecho y en paz conmigo mismo, ya he aclarado con Juan y mi hermano Alfonso cuáles son mis deseos que les atañen a ellos. A mi hermano le he pedido que siga con su vida y no se preocupe por demostrar que entre nosotros hay unos vínculos que nunca existieron.

A Juan, que conservemos nuestra amistad una vez que lo he liberado de la carga que deposité sobre sus espaldas. «Siento mucho haber abusado de nuestra amistad obligándote a prometer algo que los dos sabíamos que tú no ibas a poder cumplir. A veces eso pasa entre las mejores familias».

Pero hablemos de otros asuntos, del estado de mi enfermedad, que continúa su avance en apariencia muy lentamente.

Los corticoides y otros medicamentos de los que no recuerdo el nombre me provocan una enorme hinchazón de los miembros inferiores, sobre todo los pies hasta la altura de los tobillos, que aparecen escandalosamente deformados y presentan mala pinta, aunque no me producen dolor alguno.

La solución pasa por mantener las piernas elevadas por encima de la altura del corazón. La otra novedad, mi enfermera Clara me plantó en la silla de ruedas y me alargó a la copistería que se encuentra cerca de mi casa, donde imprimí el último borrador de lo que tengo escrito hasta el momento de *Conclusiones*.

El mundo de fuera me pareció luminoso y estridente, la gente paseaba, otros se afanaban por llegar a tiempo a sus ilusorios destinos como si les fuese la vida en ello. Por supuesto, no podía faltar la multitud de turistas, cámara de fotos en ristre, tomando instantáneas de los arábigos edificios y los peculiares semiafricanos nativos de mi mágica Sevilla.

JUEVES, 15 DE MAYO DE 2025

22:48. Sea como sea, Sevilla es mi amada amante enamorada de las apasionadas callejas de la judería, las recónditas plazoletas y los jardines engalanados por las joyas y verdores de sus poetas, pintores e imagineros, que la engalanaron a golpes de versos, sonsonetes y rotundas campanadas musitadas que alegran el alma, los corazones y las miradas orgullosas de mi gente. ¡Me considero el más afortunado de los mortales porque he regresado desde las tierras extranjeras a mi tierra con mi ser querido, Amanda, a cerrar el círculo eterno de mis días, a morir aquí, en mi Sevilla!

Lo demás es ilusorio, mi universo, el vuestro, las penas, las risas, los deseos, los culpables, los verdugos, las sonrisas burlonas emitidas a destiempo, las promesas no cumplidas. ¡Todo es niebla! ¡Todo es humo! Los velos irredentos que velan las miradas de Isis ¡ya no existen! ¡Vida, no eres nada! Y sin embargo… ¡lo eres todo!

Te saludo y te desprecio porque otorgas poco y niegas todo. La muerte es fiel a tu palabra: ella ejecuta, tú prometes.

Jueves, 15 de mayo de 2025

23:32. Los días continúan sus andaduras ajenos en sus indiferencias a los esfuerzos de los enfermos terminales y de los habitantes de los aparentes universos de los sanos.

Yo, arropado en el útero donde acojo mi enfermedad, procuro evadirme de las evidencias que continúan intentando agotar las vivas ideas que giran e interpretan mágicas danzas chamánicas, que a su vez crean otras cuánticas novedades muy lejanas arropadas a su vez por otros fantásticos universos liberados de las muertes tan necesarias como obsoletas.

A medida que transcurren los días —los temporales periodos de mi mundo—, noto como los comparsas del otro lado se desdibujan hasta perderse en nebulosos cirros algodonosos que enmudecen frases que se pierden en el infinito.

Desde mi privilegiado mirador de muerto omnipresente puedo deducir la calidad de las miradas, las frases, las sonrisas que antes semejaban decisivas, aunque ahora comprendo que eran mentiras entornadas. ¿Cuánto me quieres? ¿Mucho, poco, nada? ¿Eres fiel a tus palabras? ¿Como los caballeros andantes, lanza en ristre, blandiendo tu enmohecida Tizona?

Jueves, 15 de mayo de 2025

23:49. El vino añejo ocupante del cáliz del poeta ya no rezuma franqueza, el amor desencantado vertido en el barro de amplios poros terrosos escapó en silencio con el verano, que ocultó tras las maltrechas esquinas las dislocadas esperas padecidas de los amantes esclavos de las distancias en el tiempo.

Los tiempos que marcaron mis cauces enseñan que las múltiples rupturas merecen ser acatadas para que cuando las frecuencias que abarcan tu universo y el mío se tocan y vibran de júbilo a través de las danzas que vienen de lejos, desde los jirones invertibles de los pliegues de los tiempos.

Hay momentos detenidos donde tus ojos y las miradas que alguna vez cruzaste con los míos dicen todo lo que no pudieron antes de alcanzar mi mundo, ¡el de los muertos!

El mágico conjuro se repite. «Esta vez es verdadero porque llega altanero, erguido, valiente, digno desde el privilegiado mundo de los muertos».

¿Quién sabe qué habrá más allá? ¿Círculos llameantes? ¿Zarzas sagradas? Lo dudo, lo dudo todo y…

VIERNES, 16 DE MAYO DE 2025

00:00. Sin embargo, espero y lo deseo todo, la muerte, la tuya, la nada verdadera herida de ráfagas boreales que enciendan tu corazón y mis ideas para poder seguir escribiendo de lo tuyo, de lo mío y de la dulce debilidad de los vivos por los muertos. Querida Amanda, «la vida es eterna en cinco minutos».

La madrugada del viernes ha llegado para quedarse algunas horas perecederas. Buenas noches, querido diario… Mundo, gracias por estos preciosos regalos llamados vida…

VIERNES, 16 DE MAYO DE 2025

6:23. Las molestias en el estómago me han despertado, Amanda presenta los mismos síntomas, espero que estas molestias no pasen de ahí.

Rondando las seis de la mañana he tomado de nuevo el lápiz digital y escribo estas letras, reflexiono sobre lo experimentado hasta estos mismos instantes, como siempre a estas alturas sobre las páginas oscuras del cuaderno, también digital, de la tableta, una de las cosas positivas que aporta la tecnología, pues gracias a esta me permito el lujo de escribir donde sea que me encuentre —ahora a oscuras en mi cama—.

Los cambios de planes que desde aquí voy a introducir en el diario obran en mi ánimo como un soplo de aire fresco en mi camino. Ya expliqué en la página anterior que voy a procurar que *Conclusiones* se publique conmigo en vida.

La razón no tiene nada que ver con mi ego de escritor, que quiere disfrutar de la satisfacción de ver a su criatura en el mundo de los libros. La razón es ni más ni menos que asegurar que se llevan a cabo todos los trámites legales y de promoción, condición *sine qua non* para que la obra se dé a conocer.

VIERNES, 16 DE MAYO DE 2025

6:01. Y evitar que permanezca arrumbada en una solitaria estantería de cualquier anodina librería.

Esta enfermedad mía que padezco me está permitiendo vivir con un mínimo de incomodidades, si bien gracias al tratamiento de los paliativos domiciliarios han puesto coto al dolor, para paliar e impedir que los tumores de la boca y la garganta molesten. Me administran dosis masivas de esteroides, esto supone un evidente aumento de la retención de líquido, que comienza en los pies, que se están deformando a ojos vista, y como un efecto en cadena. Me han aumentado la dosis de un diurético que me obliga a ir al baño, donde estoy constantemente de pie frente a la taza del inodoro mirando embelesado como un pasmarote, rogando a la hernia que también coopera en la tarea de molestarme un poquito más para que no me olvide de mi estado de enfermo de cáncer en fase tres. Lo único positivo de toda esta situación es que yo —hasta el momento— no me dejo amilanar.

Viernes, 16 de mayo de 2025

Y, como siempre, peleo contra el empecinado cáncer a lo bruto. Reconozco que soy un tozudo peleón.

Mi vida día a día continúa, hoy he despertado antes porque Amanda ha reducido la dosis del medicamento que me ayuda a paliar la ansiedad, que a su vez también combate el insomnio. Ahora escribo en la cama. En breve, sobre las siete, me levantaré, revisaré la tensión arterial y la dejaré anotada en un gigantesco cuaderno donde ella controla todos los detalles de la evaluación de la enfermedad: administración diaria de los medicamentos, horario de las tres comidas y un apartado para las incidencias imprevistas, como por ejemplo, toma de rescate de las dosis extras de morfina y, por supuesto, un cuadro con los horarios de las cuidadoras que ella ha contratado.

Amanda no tiene precio, si ella no estuviese conmigo, yo me hubiera marchado ya con mi nueva amiga, la muerte.

Viernes, 16 de mayo de 2025

6:36. Las seis de la mañana, una hora más tumbado en la cama antes de darle paso a mi rutina. Mi tiempo aquí en la dimensión reservada como una especie de vestíbulo, donde aguardo el momento en el que suene mi nombre en una especie de servicio de megafonía virtual, que no es más que una copia mental de las situaciones vividas cuando trabajaba en el aeropuerto de San Francisco…

Me he quedado prendido en un agradable duermevela. Con los ojos cerrados he revivido escenas de mis andanzas realizadas en aquellos tiempos.

Viernes, 16 de mayo de 2025

6:45. He pensado en mis compinches de fatigas, luchamos juntos para sobrevivir a las trampas que la vida nos ponía por delante en su afán de endurecernos para ayudarnos a sobrevivir en los duros escenarios en los que nos iba a dejar caer a medida que transcurrieran los años.

Rememoré mis solitarios paseos por la Sevilla otoñal los domingos grises, donde yo, el niño de pantalones cortos, paseaba, recreando de nuevo con la imaginación el mágico momento de asomarme a la ventanita que albergaba el enigmático rostro, tan bien conocido por mí, de la taquillera que me entregaba el preciado trocito de cartón que anunciaba al acomodador de turno mi destino en el patio de butacas, donde a oscuras, alumbrándose con una obsoleta linterna de petaca, me ubicaba cómodamente, y entraba en el mundo en blanco y negro del arrojado pirata Errol Flynn.

Viernes, 16 de mayo de 2025

23:50. Desearía, antes de continuar repasando en mi diario mis emociones y sentimientos, los altibajos que experimento a lo largo de las jornadas y los días que me mantengo postrado por la enfermedad que me ha tocado padecer, dar un rápido repaso a las características del tipo de cáncer que padezco.

Como es lógico, me he visto obligado a recabar información preguntando a mi oncólogo, enfermeras y personal sanitario familiarizado con el departamento de Oncología y el de Cuidados Paliativos Domiciliarios. ¡En fin!, que he molestado a todo aquel que ha tenido la mala suerte de cruzarse en mi camino.

Hablo de mi cáncer de garganta y otro cáncer de cerebro, los dos diagnósticos están en fase tres. Esta fase indica que el cáncer se halla en un estado avanzado, el tumor de garganta ha crecido e invadido tejidos cercanos (ganglios) y el tumor cerebral está también en la fase tercera. Este grado es un pronóstico serio. Requiere tratamientos agresivos (cirugía, radioterapia, quimioterapia), con efectos secundarios severos. El cáncer de garganta provoca neoplasias de la faringe y laringe.

SÁBADO, 17 DE MAYO DE 2025

Los síntomas iniciales suelen ser sutiles, casi inadvertidos: tos crónica, ronquera o dificultad para hablar con claridad, dolor continuo de la garganta, disfagia (dificultad para tragar), dolor referente a oído.

A veces el tratamiento indica cirugías extremas —como la extracción de la laringe—, que si bien a veces pueden controlar el cáncer, dejan secuelas importantes como la pérdida de la voz natural y la necesidad de respirar por una abertura en la tráquea (ostomía).

Por parte del cáncer cerebral, el enfermo puede sufrir crisis epilépticas repentinas o lapsos de desorientación. A diferencia del cáncer de garganta, el de cerebro ataca al centro del «yo». Debo aclarar que al encontrarse en la fase tres, no es una fase terminal absoluta.

En el caso de un paciente con doble cáncer terminal, la primera reacción del enfermo es, obviamente, el miedo.

Bien, a partir de aquí quiero dejar bien claro que ese no es mi caso. Cuando me fue comunicado el diagnóstico, por llamarlo de alguna manera, a mi reacción le otorgo el calificativo de «fría indiferencia».

Sábado, 17 de mayo de 2025

0:36. Lo siguiente que sentí en aquella fría sala de consultas del hospital fue el coletazo de una nerviosa ansiedad por el sufrimiento que debía de estar padeciendo Amanda, que sentada a mi lado y apretando mi mano derecha con las suyas, miraba a nuestros jueces con sus ojos marrones con expresión a todas luces fraudulenta, pues al cabo de haber compartido nuestras vidas por casi cuarenta años, conozco todos y cada uno de sus gestos, miradas y sonrisas.

Agradecí al equipo médico que me atendió y pedí el alta hospitalaria a la espera de que se decidiera mi destino.

Sé que también he contado en este diario que incluso antes de caer enfermo yo era de la opinión de que si tenía la mala suerte de ser atacado por el cáncer, rehusaría todo tratamiento agresivo y me acogería al buen morir de los cuidados paliativos.

A pesar del devastador impacto psicológico, me limité a erguirme, levantar la cabeza, mirar de frente la situación y empezar a trabajar para minimizar el sufrimiento de mi esposa, Amanda.

SÁBADO, 17 DE MAYO DE 2025

0:52. El dolor de cabeza y el producido al tragar pasaron a ser mis asiduos compañeros durante la mayor parte del tiempo. Al cabo de los escasos cuatro días que permanecí hospitalizado antes de ser enviado a mi casa, tuve tiempo de urdir una estrategia que me ayudase a establecer un plan de batalla. Puesto que el miedo a la muerte por mi parte no existía, y la fecha de mi partida era imposible de saberse, yo andaba trabajando en lo que se iba a convertir en mi plan.

Desde mis años de juventud mi atención intelectual navegaba por los profundos y complicados océanos de los pensadores nihilistas, existencialistas. Me atreví, en mi cándida ignorancia, a comprender el perturbador pesimismo optimista de Schopenhauer. De Nietzsche me impactó *Así habló Zaratustra*. Sartre me pareció un intelectual inquietante con exceso de arrogante pedantería.

Hasta que me topé con Camus. Su análisis de Sísifo caló muy hondo en mi conciencia, asimismo cabalgando a lomos de mi calenturienta ignorancia me atreví…

SÁBADO, 17 DE MAYO DE 2025

8:21. A penetrar en las páginas de su cortante filosofía.

La filosofía existencialista mostró de frente la conciencia de la muerte, de la propia mortalidad de cada uno. Esto resulta liberador si se tiene el coraje de tomar conciencia verdadera de la misma. El conocimiento de que padezco un cáncer avanzado agregó a mi cerebro una fuerza intensa, lo trivial se dispersó ante lo real, lo constatable, lo esencial. Su lugar lo ocuparon la belleza, el amor, los ricos momentos compartidos con mi esposa, Amanda.

Desde aquel día entendí frases, reflexiones y argumentos que yo mismo había definido y escrito en los libros que he publicado.

Sentí por primera vez, no ya con la cabeza, sino con cada fibra nerviosa de este enfermo cuerpo mío, qué significa «ser humano».

La medicina de los cuidados paliativos antepone al enfermo a cargo de la dirección de las escenas a interpretar.

SÁBADO, 17 DE MAYO DE 2025

8:35. El protagonista toma las decisiones sobre su tratamiento, establece prioridades. En otras palabras: el enfermo adopta una actitud proactiva.

Dignidad, sentido del sufrimiento.

La dignidad resultó ser un concepto prioritario desde el comienzo de mi enfermedad. Todas mis energías, ideas, pensamientos y mi hiperactiva conciencia parecieron gritar al unísono: «Dignidad».

Yo debía a toda costa mantener el respeto y ser respetado por mi esposa y los inevitables comparsas que me observarían, algunos con genuino respeto, otros dibujarían semisonrisas maledicentes en sus corazones, y algunos otros enojados por mi falta de fe en el supremo hacedor de sufrimientos de turno, dependiendo de a qué dogma se entregaron esos desvalidos acólitos.

La pionera de los cuidados paliativos, Dame Cicely Saunders, resume su filosofía en esta dulce frase: «Tú importas por lo que eres. Importas hasta el último momento de tu vida, y haremos todo lo que esté en nuestras manos, no solo para que mueras de manera pacífica, sino también para que mientras vivas lo hagas con dignidad».

Domingo, 18 de mayo de 2025

5:51. Una crisis de dolor se presentó sobre las tres de la madrugada. Mi esposa me ha administrado una dosis de rescate de morfina de efecto inmediato. Mi querida Amanda, como siempre, preparada para atenderme.

Balance de la jornada: sufrí varios ataques de ansiedad. Como siempre, analicé la situación para intentar dilucidar el origen de estos. Comprendí que tenían que ver con las decepciones de los últimos días, de los supuestos amigos y familia.

No quiero reiterarme con lo sucedido, pues al fin y al cabo lo que ocurrió ya no tiene remedio.

DOMINGO, 18 DE MAYO DE 2025

10:28. El domingo da la impresión de haberse desvanecido por las intrincadas costuras de los pliegues del tiempo. En este instante, sentado en el arrinconado sofá que Amanda trasladó a un oculto rincón que linda con la cocina para dejar en su lugar la cama de hospital donde, llegado el momento, me ubicaré…

DOMINGO, 18 DE MAYO DE 2025

10:25. Me insertarán la vía subcutánea y me marcharé de este mundo como es debido.

De Amanda, debo decir que desde hace unos días está más calmada, aunque… no podría asegurarlo al cien por cien.

Al cabo de todas estas semanas preparando este libro ya sabréis que conozco todas las señales que emite el cuerpo de mi esposa, signos que delatan su estado anímico.

Hoy he escrito bastante, estoy avanzando en la elaboración de *Conclusiones*. Simultáneamente, escribo un relato corto que intenta delimitar el no menos interesante asunto de la eutanasia en contraposición del…

LUNES, 19 DE MAYO DE 2025

13:54. Suicidio autoinfligido y el suicidio asistido.

Ya sabemos que desde el año 2021 —creo— la eutanasia, bajo ciertas condiciones, está legalizada en España.

En el relato dejo bien establecido cuál es mi opinión al respecto de estas dos opciones. Amanda concuerda conmigo.

LUNES, 19 DE MAYO DE 2025

12:21. Me he quedado olvidado en la cama con los ojos y la conciencia entornados. Acabo de entrar de nuevo en la dinámica de las «cosas» hoy y he descubierto que es lunes 19 de mayo.

El domingo estuvo marcado por casi la misma rutina que su precedente sábado. Los tumores de la garganta molestan cada vez con más asiduidad, tengo dificultad para tragar, ya apenas puedo articular palabras. Esto no me importa en demasía porque tengo mis ideas, mi cerebro y mis manos para plantarlas sobre el papel. Siempre hay alguna salida para ocultarse de la muerte o al menos engañarla, como en mi caso.

LUNES, 19 DE MAYO DE 2025

Seguir escribiendo a escondidas

14:26. Este domingo que acaba de hacer intempestivo mutis por el foro me ha dejado un sabor agridulce de disgusto, unido a las molestias que padezco a causa de la hernia y las hemorroides, que me acarrean un importante dolor constante. He repasado lo acontecido con las personas que me han acompañado durante el primer mes de mi enfermedad hasta que descubrí que todos y cada uno de estos simplemente jugaban al adverso juego que yo he titulado como «pretensiones olfateadas».

Todos queremos algo de aquellos con quienes nos codeamos, nada es genuino en su totalidad.

LUNES, 19 DE MAYO DE 2025

12:25. Es decir, debemos dar algo si queremos a la vez recibir algo que la mayoría de las veces deseamos con urgentes necesidades.

Pues bien, el domingo me dejó algo triste, asaltado por un sutil sentimiento de pérdida. He de mencionar en mi descargo que esa misma tristeza me empujó a tomarle la delantera al desasosiego, que por unos instantes estuvo a punto de tomarme la delantera…

LUNES, 19 DE MAYO DE 2025

19:39. Se quedó atrás, seguro que muy arrepentida del patético propósito de pretender sobrepasarme en mi propio terreno de juego.

Mis prioridades están sólidamente asentadas sobre las bases en que yo he decidido levantarlas.

Sé la dolencia que padezco, así como mi probabilidad de vida, que me resta, intuyo, entre tres y ocho meses.

LUNES, 19 DE MAYO DE 2025

14:52. Debo aprovechar para completar mis proyectos y marcharme de aquí como es debido. El miedo a la muerte (mi muerte) está y estuvo ausente de mis temores, estos se mueven por otros derroteros más prosaicos.

No es el ego del creador; no tiene nada que ver con el reconocimiento de los futuros lectores, no son las injustificadas preocupaciones del estado en el que se va a encontrar Amanda en el momento de mi abandono.

La conozco, sé que posee una fortaleza excepcional, digna de esas Ateneas inquilinas que habitan las míticas olímpicas alturas. Asimismo sé que tiene un lugar asegurado en el mundo de los sanos, donde tanta gente sentirá la necesidad de imitar su regios ejemplos.

«El sentimiento de culpa es el inconfundible veneno heredado de las hipócritas falacias de los que desean nuestros deseos, de esos débiles esclavos satisfechos de sus viles servidumbres».

MARTES, 20 DE MAYO DE 2025

0:33. Ahora con total evidencia el mundo de los sanos me ha abandonado. Puedo deglutir, saborear una serie de radiantes sensaciones carentes de los amables filtros con los que los humanos mimetizamos las genuinas asperezas que las conllevan con el único objetivo de establecer un canal de comunicación entre el corazón y la razón de los interlocutores, el hablante y el receptor.

Desde mi privilegiada situación de testigo observador desapegado, puedo valorar cómodamente y libre de parcialidades el efecto y las causas de tales interacciones.

El enfermo terminal se encuentra, en relación con sus allegados, en una situación de extremo poder casi sagrado, que le otorga su próxima extinción. Aquí la información no es solo poder, es la evidencia irrefutable: «Yo me voy, me extingo; vosotros disfrutáis de vuestras deseables miserias cotidianas, que yo no podré disfrutar jamás».

Martes, 20 de mayo de 2025

7:28. Los familiares, a su vez, desarrollarán una dinámica de pautas defensivas, casi siempre de evasión, negación y camuflaje. Léase: «Disimulo u ocultación de sus verdaderos sentimientos». El enfermo terminal conoce sus limitaciones.

Lunes, 19 de mayo de 2025

1:21. Esta página aún no sé en qué orden la voy a añadir en mi querido diario. Perdona, amigo, me debo a muchos cambios de planes a causa de las alteraciones de mis rutinas de sueño, cambios en la medicación, estado de mis molestias, dolores…

No te preocupes, mañana con la fresquita del nuevo día, si nuestro nuevo compañero el cáncer, tan temido y odiado, nos abandona por un tiempo prudente, continuaremos nuestra andadura por esos mundos tan interesantes de las letras.

Estas últimas semanas en las que el cáncer me ha otorgado un respiro, he tenido la ocasión de pensar y analizar mis sentimientos, lo que mi corazón ha experimentado durante las crisis de ansiedad, y cuáles han sido las consecuencias que, en mi caso concreto, han afectado a mi esposa, Amanda, quizás también a mi hermano Alfonso, y puede que a los amigos.

Los resultados, además de sorprendentes, han supuesto un acervado aprendizaje de las tan manidas «Sentencias» que yo mismo he escrito en la mayoría de mis libros publicados.

Las tan socorridas «saber quién eres», «cuál es tu sitio», «qué le pides a la vida» resultan inmensas, profundas en la simpleza e incluso guturalmente chispeantes.

Las normas sociales establecen obligatoriamente que acatemos una serie de etiquetas que mezclase enrevesado caleidoscopio de verdades a medias. Aclarar estas normas, que una vez preestablecidas enmudecen la verdad, requiere una fuerte dosis de reflexión y coraje.

¿Por qué no se puede hablar del cáncer que padezco abiertamente?

Redirigir el lenguaje conscientemente necesita por parte del emisor práctica y voluntad. Los resultados son inmensos, las repuestas devienen comprensibles y coherentemente útiles.

El objetivo, abandonar los malentendidos. Una idea claramente expresada puede iluminar el alma, y la mente muestra que lo contrario puede sembrar en el ánimo de los dos protagonistas, el emisor y el receptor, peligrosas amalgamas de resentimientos, rechazos y odios sin sentido que como espejismos nublan el entendimiento entre dos humanos, seres de la misma especie doliente.

MARTES, 20 DE MAYO DE 2025

10:24. Estoy embarcado en el intento de hacer un balance de todo lo acaecido durante el día de hoy.

Desperté muy descansado, dispuesto a enfrentar el nuevo día con el ansia que sentía después de haber dormido a pierna suelta. Me incorporé para evacuar la vejiga y un increíble dolor me atacó con desmesurada virulencia, en apariencia localizado en el bajo vientre: la hernia que arrastro desde hace muchos años. Gritando le pedí a mi esposa que me administrase la dosis de morfina de rescate. El dolor no solo no remitía, sino que aumentaba. Le pedí (rogué) que me pusiera por vía oral otra dosis, esta vez mayor.

El dolor seguía y seguía. Yo insultaba a la mismísima vida y llegué a desafiar a la muerte a que se enfrentase y se mostrase a mi persona.

MARTES, 20 DE MAYO DE 2025

22:20. Finalmente, Amanda telefoneó a mi doctora de paliativos (¡bendita seas, Conchi, tú y todo tu equipo!), que se presentó en casa en cuestión de minutos. Me hizo una ecografía en la zona donde tengo desplazada la hernia y los testículos —sobre todo el izquierdo—, habló con Amanda y prescribió nuevos medicamentos, además de administrarme otra dosis de rescate de morfina.

Martes, 20 de mayo de 2025

22:27. Creo que al poco tiempo caí profundamente dormido. He despertado horas después, esta vez plácidamente relajado.

Gracias al incidente he averiguado con certeza el tiempo que me queda de vida: tres meses más o menos.

Este conocimiento me ha producido un gran alivio. ¡Se acabaron las incógnitas, me congratulo! Ya puedo poner en práctica todo lo que he venido planeando para el futuro de mi querida Amanda.

Ya me he aplicado a la tarea de organizar la publicación con Carlos Torres, mi editor, y contactar con los medios de comunicación de la prensa amarilla para concertar entrevistas, con las cadenas importantes para sacar a la luz quién es el autor del libro póstumo *Conclusiones*. Estoy satisfecho, contento. Eso sí: «No le temo a la muerte, ni siquiera al dolor físico».

Martes, 20 de mayo de 2025

9:45. Confío plenamente en mi doctora y en todo el equipo de los cuidados paliativos domiciliarios.

Casi podría asegurar —aunque parezca locura— que me voy feliz de morir en mi casa con Amanda, dejándole un amable futuro libre de premuras económicas. La vida es un evento complicado, incomprendido, que merece ser estudiado desde los diversos puntos de vista que nos atañen a nosotros, estos dolientes espectadores desapegados que contemplamos cegados por espejismos empañados, la mayoría de las veces por hipnóticas neblinas arbitrarias desfasadas de la realidad.

La vida hechicera y la muerte doliente, la que nos libera del sufrimiento. ¿A cuál de estas debemos amar?

MARTES, 20 DE MAYO DE 2025

22:58. Continúo con mi tarea de documentar en este diario que va a nacer en el mundo de los libros como un libro póstumo titulado *Conclusiones*.

Mis más profundos deseos son que en un futuro próximo casi inmediato sea leído por muchos lectores, que se sientan inspirados por las experiencias vividas durante estas enfermedades.

Qué mejor comienzo que escribirla con una carta presentación a mi muerte.

Allá vamos:

MIÉRCOLES, 21 DE MAYO DE 2025

10:13. Querida muerte. A pesar de que solo te conozco de oídas, estoy seguro de que tú sí me conoces.

Sabes que nací un 30 de marzo hace ya la friolera de setenta y seis años, en una lluviosa mañana de primavera en la Sevilla devastada por una guerra civil desatada entre hermanos, en la que tú, muerte, estoy seguro de que hiciste de las tuyas. Sabes también que disfruté de una infancia de niño solitario que odiaba verse obligado a vestir pantalones cortos.

Miércoles, 21 de mayo de 2025

3:09. Acabo de despertar, me he encontrado con la agradable sorpresa de que no siento dolor alguno. Estoy descansado, pues anoche tomé los medicamentos nuevos recetados por mi Conchi, mi doctora de paliativos domiciliarios; también porque conozco oficialmente más o menos de boca de mi oncólogo la fecha aproximada de mi muerte, que debe oscilar en unos tres meses.

Miércoles, 21 de mayo de 2025

4:38. Mayo se termina, me parece mentira que casi dos meses de mi nueva vida ya no existan. ¡Este pillo de Einstein sabía de qué hablaba cuando quería mostrar al mundo que el tiempo es relativo!

En mi estado actual, la cotización del tiempo me viene fatal. Si los pronósticos se cumplen, mis ahorros son escasos. Imaginadlo: tres meses restantes, junio, julio y agosto, y eso sin contar los diez o doce días que debería sustraer de este mes de mayo. ¡Qué putada!

Pues bien, aun así cuento con los meses mencionados para terminar lo que le dejo al mundo. Palabras escritas llenas de agradecimientos y deseos sinceros de vivir estos días que le restan a este deteriorado cuerpo, tan lleno de expectantes descubrimientos mágicamente calibrados para provocar mi asombro, pero sobre todo para saborear con agradecida…

JUEVES, 22 DE MAYO DE 2025

0:33. Fiereza lo vivido, lo otorgado y lo negado. La vida se mueve por unos derroteros que me intrigan y maravillan a partes iguales. La vida es la artúrica manifestación de lo desconocido, es lo cuántico sujeto a sus desconocidos parámetros, es el sueño del niño que obtiene y palpita al unísono con el corazón de su amigo imaginario; son los sufrimientos de las madres acongojadas de los tácticos traidores de la tribu de David, los locos renombrados padres de las patrias prestadas adornadas con los pintarrajeados trapos de barras y estrellas; los cirujanos incapaces de cesar el inútil derrame de sus lágrimas verdaderas.

Pero también es el brillo de una mirada amorosa robada a destiempo de los ojos de una mujer que suspira arrobada sobre el pecho sin crispaciones del amigo y de la suave femineidad de las dulces caricias depositadas sin malicias sobre esos cuerpos desnudos donde la luna cantarina traza sus plateadas matrices que dispersan suspiros y a veces gritan: «¡Muera la falsa bondad! ¡La imaginación al poder!».

JUEVES, 22 DE MAYO DE 2025

0:46. La vida es para mí, en mi ilimitado universo actual, todo, y a su vez nada.

La muerte es ahora mi esperada compañera, devastadora en el campo de batalla y libertadora de los yugos y cadenas que nos otorga la vida.

La vida, indiferencia ladina, el respiro de Brahma y la destrucción de lo caduco. ¿Hay quien dé más?

Solo la muerte se apiada de la sufridora que aguarda a su arriesgado Odiseo…

Solo la vida atesora las historias de los héroes legendarios. La vida es… otra cosa…

JUEVES, 22 DE MAYO DE 2025

1:00. Espejismos, sinceridad, decepciones. El enfermo terminal de cáncer en fase tres, en el momento que sabe de su situación por boca del oncólogo, accede a una desconcertante dimensión, enigmática, desconocida.

El mundo da un vuelco y lo arroja sin conmiseración a un encrespado océano de profundidades desconocidas, inamovibles, imposibles de ser traspasadas.

La primera reacción del enfermo se traduce en un frío estupor que paraliza la conciencia. Las ideas se niegan rotundamente a elaborar hipótesis o razonamientos, la coherencia de las líneas de pensamiento brilla por su ausencia.

Tan solo una palabra mantiene la sonoridad: «cáncer». Cuando el estupor muta su contenido, el mundo cotidiano «no es».

JUEVES, 22 DE MAYO DE 2025

1:00. El salón de mi casa, el que tiene la ventana que me muestra el amplio patio donde habitan el limonero y el pequeño naranjo —apenas un arbolillo en ciernes—, que regalan sus fragancias de jazmines y azahares, siempre fue mi sacrosanto refugio. Ahora desde mi malsana enfermedad se ha convertido en mi refugio y santuario donde deposito mis plácidas reflexiones hasta que, como por una inexplicable metamorfosis alquímica, resuenan en mi corazón para surgir expelidas convertidas en tímidos intentos faltos de coherentes armonías deseosas de acaparar la atención de los ojos que se posen sobre las páginas de mis escritos, que si bien están faltos de la perfección, rebosan de las frágiles riquezas de lo escrito con mi talante veraz.

Jueves, 22 de mayo de 2025

7:49. Mi mesa, una pequeña porción alineada a la izquierda de la gran superficie de la verdadera, que cumple su función de mesa de comedor, donde Amanda deposita mis cenas, almuerzos y desayunos.

La mía tiene sus cuadernos, plumas estilográficas y un magnífico ordenador LG, a quien le he confiado toda mi vida. Parece aguardar expectante cuando me acerco a ella apoyado en el andador, que me permite cabalgar con paso mesurado desde el dormitorio hasta el santuario donde entrego en forma de palabras mis amores y decepciones, casi siempre provocadas por una ira solapada, vieja conocida mía.

Jueves, 22 de mayo de 2025

2:10. A las dos y once de la madrugada del jueves empiezo a escribir. He dejado algunas páginas en blanco para, en su momento, seguir con el relato *Espejismos*. He cabeceado apenas una hora y aquí estoy otra vez, empecinado en el intento de escribir algunas letras.

La jornada de ayer miércoles, bastante tranquila, sin sobresaltos dignos de mención. El cáncer continúa su avance inexorable, recrudece su virulencia. La garganta me molesta mucho por la hinchazón, yo procuro ignorarlo, pero cuesta bastante. Está ahí, lo que significa que no lo puedo obviar pensando: «Bueno, estás ahí, así son las cosas».

Pienso poco en la gravedad de la situación e incluso en el periodo aproximado que resta; dos meses significan, en esta actualidad mía, tiempo suficiente para alcanzar la meta.

Jueves, 22 de mayo de 2025

2:31. Un espléndido periodo de tiempo para aprovechar. ¡Mejor que nada! En dos meses se pueden decir muchas cosas, y por añadidura escribir, y yo aún tengo mucho que contar. Espero poder alcanzar con creces los dos objetivos que me he impuesto.

Tengo mucho sueño, no puedo mantener los ojos abiertos a pesar de que las molestias de las hemorroides me están molestando de nuevo. En apariencia el medicamento para combatir la ansiedad que Amanda me suministró no ha servido de mucho, pues el sueño sigue estando aquí conmigo… Voy a cerrar los ojos…

He ido al baño, las hemorroides me molestan, aunque no hasta el punto de resultar insoportables. Solo lo suficiente para impedirme descansar. Ahora lo más importante es aplicarme a alguna tarea que me haga olvidar los molestos inconvenientes de las hemorroides.

Mis relaciones con la gente de fuera se están agostando. Ya no permito a nadie la entrada en mi casa, solo a Amanda y el personal de los cuidados paliativos.

Estoy muy cansado, las conversaciones aturden y los molestos «dolorcillos» revolotean a mi alrededor, como esas cenicientas polillas que revolotean alrededor de las bombillas hasta que, como cualquier Ícaro venido a menos, terminan incineradas.

Los tiempos estrechan sus cercos, lo noto en cada célula de mi maltrecho cuerpo. Está llegando la hora de librar la última batalla, que yo acepto con orgullo. Estoy dispuesto a enfrentar tu desafío como es debido, de frente, sin dobleces ni falsedades.

Jueves, 22 de mayo de 2025

Acabo de sufrir un ataque de dolor muy agudo, proviene de la hernia. Ha durado unos minutos, afortunadamente.

En este momento espero en la cama a que Amanda me traiga los medicamentos y me los administre.

Todo está en orden, el dolor ha sido controlado. La morfina que he tomado (30 mg) es de efecto retardado, quiere esto decir que el alivio tardará unos veinte minutos en surgir, y a cambio el efecto se mantendrá por al menos durante ocho horas.

Espero una inyección de cortisona en cinco minutos y una solución para calmar la ansiedad que me ayudará a dormir profundamente durante al menos cuatro o cinco horas.

Siempre olvido mencionar que el silencio es un lujo que me ha sido últimamente negado. Dentro de mi cabeza existe una caja de resonancia que emite constantemente.

JUEVES, 22 DE MAYO DE 2025

23:29. Con una vibración, una especie de ruido blanco muy irritante, un zumbido eléctrico que está ahí presente en todo momento.

No tengo ninguna idea de a qué se debe, apareció en mi cabeza un par de meses antes de conocer el diagnóstico de mi enfermedad.

La cortisona ya está dentro de mi cuerpo. Acabo de recibir una noticia agradable: Carlos, mi editor, me ha enviado la valoración de las ciento veinte páginas del manuscrito *Conclusiones*. Una encantadora carta que me llenó de satisfacción y orgullo («El puñetero ego, Paco»).

Me ha alegrado el día, a partir de aquí todo está listo para seguir trabajando en el manuscrito.

JUEVES, 22 DE MAYO DE 2025

23:42. Definitivamente, dentro de muy poco tiempo tengo una cita con mi propia muerte. Aunque suena a melodrama victoriano, por favor, no me lo tengáis en cuenta. No es mi intención darles ese matiz a mis relatos. Únicamente me mueve el deseo de documentar lo más fielmente posible el día a día de un ser humano del montón, yo, que noto cómo la fecha se acerca a pasos agigantados.

Por ejemplo, hace un mes mi intelecto analizaba la evidencia del cáncer de garganta en fase tres, contemplaba con un frío distanciamiento, lo analizaba y dictaminaba, esta vez con el corazón: «No te temo, ven cuando quieras, aquí estoy presto a enfrentar el abismo hacia el que me arrastrarás».

Ayer, hoy y los días venideros contemplaba desde otra perspectiva: «Ya noto tu presencia, estás a un paso, mi corazón sabe que tú hueles el miedo, mi miedo». Pero que también sientes el altanero orgullo con el que reparo el miedo humano y lo convierto en una pétrea fortaleza de valor que he levantado en unos pocos segundos —de los tuyos y de los míos—, y eso te sorprende.

¿Qué esperabas, que me doblegarías? «Ser valiente no tiene mérito; sentir miedo, enfrentarlo y doblegarlo es la verdadera valentía».

Existen otras evidencias de los cambios que sufre el enfermo terminal cuando «sabe» que el momento está al llegar. El universo de los sanos desaparece de su horizonte, siente, huele, palpa, degusta la inexplicable presencia de la soledad. Está solo, nada existe a su alrededor. La muerte crea una burbuja de «nada» y el enfermo se convierte en una «vaciedad solitaria». Ha dejado de existir, es «nada», es «la música de las esferas», es el todo emergido de la chispa primordial que creará universos y galaxias, mares inviolables, garzas, humanos, amores emergidos de tantas nadas fallecidas durante los eones creados por las miríadas de observadores desapegados.

Él es, desde siempre, «nada, vacío, creación». El enfermo terminal respira un aire que pertenece a una realidad acorde a su estado, no siente ningún interés por las escenas comunes.

Sus desarraigos se palpan en la mirada de miedo, disgusto, fe, resentimiento y, finalmente, rendición o valentía. Todas estas emociones son válidas, son «humanas». Las mías ya las conoces…

VIERNES, 23 DE MAYO DE 2025

0:23. Son casi las dos de la madrugada del viernes 23 de mayo, le he ganado un día a la muerte…

Siento tal pena dentro de mí que me resulta imposible canalizarla hacia cualquier emoción, al llanto, la ira, el rechazo.

Solo existe en este momento el amor, una traicionera pena que ha permanecido agazapada en lo más hondo de mi ser durante las precedentes semanas. En el corazón se agolpa un llanto rebelde que pide salir para revelar al mundo la intensidad de mi pena imparable.

La imagen de Amanda regresando de la calle cargada de pequeños obsequios con los que alegrarme, luchando por hallar un punto de equilibrio entre su pena y la mía… Las mañanas aquí, yo alardeando de una valentía desfasada por su constancia, tú dispuesta…

VIERNES, 23 DE MAYO DE 2025

8:40. A sacrificar tu bienestar en aras de mi agrado y complacencia, las imposiciones de mi parte que catalogo sin dudar como «egoísmo», más propio de un macho asustado que el de un amador amante de todo lo que implica tu nombre: Amanda.

Buenos días, ya estoy aquí. La maravillosa realidad se ha impuesto de nuevo en mi ánimo. Amanda ha abierto de par en par las ventanas que dan al patio, es una bendición escuchar el alboroto que se esparce desde los ventanales del colegio que corona mi patio, es vida. Estoy en estos momentos aguardando los cuidados de Amanda.

La madrugada ha sido desastrosa, me he visto obligado a pedir morfina de rescate. He dormido pocas horas, un punzante dolor en el pecho me ha despertado bruscamente.

Voy a tomar un café negro e intentar reponer el ánimo. En definitiva, la situación está cambiando.

VIERNES, 23 DE MAYO DE 2025

8:54. Casi las nueve, mi ánimo está entero, no así mi cuerpo. La muerte ya ronda por mi casa, la noto con una asombrada familiaridad que, francamente, me sorprende.

Sé que tengo que revelar ya quién soy, porque he de hacerlo con la ayuda de la abogada Anastasia, con quien tengo una cita aquí en casa el próximo lunes; yo no tengo fuerzas para desplazarme. Está en juego la tranquilidad de Amanda.

Lo ocurrido horas antes fue parte del natural proceso de la separación de ambos mundos, sobre todo del mío.

Ya no pertenezco a las otras rutinas que la vida nos impone al permitirnos la entrada en sus escenarios.

¡Cuánto me hubiera gustado haber sido testigo, desde una segura atalaya, de esta separación de los dos mundos para describir el magnífico espectáculo!

VIERNES, 23 DE MAYO DE 2025

23:23. Estoy tumbado en mi cama. Amanda, en el salón sentada en su arrinconado sofá, piensa asustada en el incierto desarrollo de los próximos meses anteriores a mi partida. Yo, por mi parte, evidentemente escribo documentos para los que leáis.

No soy dado a sugerir soluciones o dar consejos trillados por las incansables repeticiones.

Si alguno de vosotros o vosotras llega a leerme, permitidme asegurar que todo lo escrito aquí está construido desde lo más profundo de mi corazón, absolutamente todo. Mis miedos, esperanzas, defectos y virtudes.

Yo, desde mi privilegiada posición de moribundo chamán, os aseguro que la enfermedad más mortal por su toxicidad es «el sentimiento de culpa», aserto nacido o, si lo preferimos, «creado» tal cual.

¿Tal cual? ¿Soy yo el culpable de mis malicias? ¿Qué hay de mis virtudes? ¿Debo aceptarme tal como soy? ¿Es saludable enfrentar la imagen que me devuelve el espejo?

Somos un milagro, poseemos «la conciencia del yo». Poseemos el regalo de la dignidad heredada. Somos compasivos además de malvados, no somos reyes sin súbditos, no pertenecemos a ningún mito, somos los creadores del «mito».

El mundo de aquel que va a enfrentar su propia muerte en el sagrado reino de Artemisa. Para ello es necesario reunir el valor. Para morir con dignidad, solo hay que aceptarla.

La muerte no quiere tus miedos, quiere sentirte firme, sosegado, seguro de ti mismo, aunque estés envuelto en rencor.

SÁBADO, 24 DE MAYO DE 2025

00:00. Otra semana ganada. ¡Gran hazaña por mi parte! ¡Mi mundo me felicita, aún sigo aquí!

Mayo se está calentando, la temperatura se nota, aquí dentro de la sala y en el dormitorio. Resulta algo molesto. Sevilla resulta demasiado calurosa en los meses que están por llegar. Voy a cerrar los ojos cuando son las doce y diez de la madrugada.

No puedo dormir, es la una menos cinco de la madrugada. Amanda, a mi izquierda, duerme. En la grata oscuridad de nuestro dormitorio puedo sentir su entrecortada respiración, producto del agotamiento físico que soporta. Todo mi amor para ella.

El tiempo parece haberse detenido. Mi nombre está congelado, apenas visible. Se diría que no soy nadie, este pensamiento me tranquiliza.

El silencio de las madrugadas de Sevilla suena diferente a aquellas grisáceas nieblas de San Francisco.

Sábado, 24 de mayo de 2025

1:04. Sevilla es llevadera; San Francisco es un caminante cansado de las ofertas condicionadas. Este cáncer que ahora me azota ya lo intuí en las tierras extranjeras, preferí ignorar los peculiares síntomas que reclamaban mi atención. ¿Quién sabe? Quizás ahorré sufrimientos a Amanda y a mí mismo, pues por aquel entonces estaba resignado a permanecer en California. El caso es que aquí estamos, en mi Sevilla para cerrar el círculo.

Hoy ha sido un día magnífico, solo para nosotros dos. Ella ha sabido jugar al juego de «las incongruencias», muy típico de los familiares del enfermo terminal cansados de la responsabilidad de mantener a toda costa las apariencias. Al fin no tuvo más remedio que enfrentar la situación después que le eximí de las responsabilidades. Desapareció, imagino que contenta y relajada de las medias frases hechas.

Sábado, 24 de mayo de 2025

21:25. Sentado a mi mesa espero a que Amanda me prepare la cena, tomar la medicación, ducha y a seguir trabajando en mi cama.

El trabajo lo llevo muy adelantado, el lunes próximo tengo cita con mi abogada, previa al envío del manuscrito a Carlos.

Balance de la enfermedad: ha habido un brote de ansiedad relacionado con el estado de la publicación del libro. Amanda me administró el medicamento recetado por paliativos, que me permitió seguir trabajando, y aquí seguimos los dos. ¡Gracias, Amanda, por tu dedicación y entrega!

La tarde avanzó con total normalidad, todo transcurría con el acostumbrado ritmo de silencios solo interrumpidos por algún que otro aletear de los pájaros que volaban en círculos en el claro del cielo que muestra el patio interior.

La pequeña intervención de las sombras había creado una escena acorde con la bonanza que disfrutábamos.

DOMINGO, 25 DE MAYO DE 2025

5:36. Todo marchaba sobre ruedas. Amanda consultaba los mensajes referentes a mi enfermedad en las redes sociales. Mi hermano decidió consultarle si podía venir a visitarme, y ella, obviamente, aceptó. Al cabo de unos minutos de intercambio de mensajes, comunicó que apenas podría quedarse unos minutos porque iba camino de La Coruña. Amanda captó la letal urgencia de pretender demostrar su interés en visitarme, utilizando una estrategia muy bien conocida entre los miembros de mi familia materna.

A partir de ahí, la semilla empezó a dar sus frutos.

Un minúsculo brote de ansiedad surgía como siempre pasaba en estos casos… La nada creció indiscriminadamente. Al acercarme hasta el baño y sentarme en la taza del inodoro, mi cabeza comenzó a girar descontroladamente por un fuerte dolor nacido al lado de mi testículo izquierdo.

DOMINGO, 25 DE MAYO DE 2025

5:58. Partiendo desde la hernia, el dolor me impidió abandonar el baño. Amanda acudió en mi auxilio. El daño ya estaba hecho, la cabeza y el bajo vientre parecían haberse aliado para inutilizar mi voluntad de pelear. Mi esposa no tuvo más remedio que administrarme tres dosis de rescate de morfina. Inútil. Siguió una de las instrucciones de las doctoras de paliativos y, como último recurso, me inyectó en el vientre otra fuerte dosis de un calmante del que desconozco su nombre.

Yo, gritando desaforadamente, abandoné la cama. Ya de pie, recuerdo que debía tener la mirada perdida, miraba frente a mí, buscaba algo o alguien que me sirviera como antagonista. Fue inútil, era el día de mi muerte. Recuerdo haberla retado: «Ven». No apareció, no fue mi momento.

Al menos reaccioné como lo esperaba de mí. Amanda soportó la peor parte, tuvo que inyectarme en el vientre, tuvo miedo de no hacerlo bien, de hacerme daño. Realmente fue así, pues he perdido mucho peso y no tengo grasa en la barriga. Para la persona que clava una aguja por primera vez debe de ser duro, sobre todo si el enfermo es la persona amada.

DOMINGO, 25 DE MAYO DE 2025

6:13. La crisis me robó más de una hora de mi vida al mantenerme en un dolor constante en ese periodo de tiempo.

Mañana con las claras del día analizaremos lo sucedido, las causas y daremos con la solución para aprender a atajarlo antes de que ocurra. Mi mundo me ha dejado en tierra de nadie…

Para mantener mi cordura debo asegurar mi presencia de ánimo y como… física. Aunque sigo perdiendo peso por momentos, el apetito lo conservo intacto, como mucho y bien.

Clara e Isabel, cuidadora y enfermera respectivamente, me tratan con el cariño nacido de la entrega a su profesión. Para mí, pero sobre todo para Amanda, son de gran ayuda.

DOMINGO, 25 DE MAYO DE 2025

6:31. Hay tantos medicamentos en mi cuerpo que me siento flotar en un limbo creado para mi persona. Es un duermevela lleno de imágenes traducidas en colores, sonidos, e incluso olores.

El recuerdo de mi amigo Eduardo, pintor cubano de los tiempos de la revolución, se presentó inopinadamente delante de mis ojos. Me vi en su atestado apartamento de la calle Geary, lleno de libros, lienzos y revistas españolas de los años veinte y panfletos de la Cuba del Che y Cienfuegos, quien charlaba con Santiago, el compañero de fatigas con el que viajé desde Sevilla hasta Burdeos y, posteriormente, París, danzando en las barricadas de mayo del 68 y gritando «la imaginación al poder». Jugaron importantes papeles en las escenas que acudían incesantes a mi memoria.

La conciencia nunca descansa, es una pista impactante a la hora de analizar los resultados de sus causaciones.

Domingo, 25 de mayo de 2025

9:27. El caso es que mis ataques de ansiedad se están repitiendo más asiduamente de lo normal. ¿Es esto el miedo? Pudiera ser la respuesta de la negación de mis fracasos.

No importan, al final sé que me mantendré fuerte, lo sé, estoy convencido de ello. Nada ni nadie me impedirá morir con dignidad, lo repetiré una y mil veces. Poseo la bendición de atesorar «la conciencia del yo», aunque también es un castigo, porque el conocimiento de la propia extinción trae consigo el miedo, la angustia. Yo mismo, desde mis tiempos de aquellas románticas historias donde me arrogaba el papel de personaje principal de cada una de estas, estaba siempre dispuesto a dar mi vida en cualesquiera circunstancias ante las que me viese enfrentado, a presentar batalla a la muerte para defender a mis bellas criaturas de rubios cabellos sin importar el dolor que debiera soportar.

Domingo, 25 de mayo de 2025

9:23. Pues bien, de aquellos momentos imaginarios ya llegó el instante definitivo.

El propósito de este libro (no sé si es apropiado tildarlo de póstumo, puesto que he decidido publicarlo en vida) es que el mundo conozca las razones, los motivos por los que yo, Paco Albiac, he decidido darle la espalda a cualquier tratamiento invasivo que me alargue la vida a costa de concederme ridículos periodos cortos de tiempo a cambio de morir como un animalillo asustado, en lugar de afrontar la espera rodeado de los míos en el silencio de aquellos universos de paz verdadera.

Para ello me he decantado por los cuidados paliativos domiciliarios.

Soy un hombre, un ser humano digno que sabe que va a morir en unos meses. No puedo dar una fecha exacta (ojalá), quizás dos, tres meses… No lo sé.

Domingo, 25 de mayo de 2025

9:42. El cáncer de garganta en fase tres suele ser rápido, aunque, como dije, no lo sé con certeza. La jornada de ayer me lo demostró con creces. Fue tal el dolor que hube de soportar que estuve convencido de que ayer iba a ser mi último día. Tal fue mi sorpresa cuando, sin siquiera apoyarme en el hombro de mi querida Amanda, me levanté de la cama y de pie le hablé de tú a tú a mi muerte: «Aquí estoy, llévame, no te tengo miedo». Obviamente, no sucedió. Lo importante del episodio fue mi actitud. Enfrenté mi terror a lo desconocido y lo controlé.

«La conciencia de mí» me define como ser humano digno que difiere de los animales. La fe, la religión es otra de las señales de que el ser humano necesita ser trascendido por un ser superior. Ascender hacia algo o alguien más poderoso que uno mismo, Dios, o hacia encontrar el misterio de la propia vida.

DOMINGO, 25 DE MAYO DE 2025

10:08. No soy solo un observador pasivo de lo que sucede, lo que tiene lugar a mi alrededor. Soy un creador, el observador creador de realidades, y por lo tanto puedo pensar, hacer música, soy parte, estoy presente en la filosofía liberadora, literatura, política, en todos estos apartados de la vida yo estoy presente. En estas creaciones yo, el ser humano, expreso mi relación con el mundo y conmigo mismo. Estas creencias son el fruto del tesoro que dejo al mundo tras mi paso por este.

«Mi conciencia del yo» no debe darse desde el aislamiento absoluto, para ser «yo» necesito definirme con el «tú».

Contigo, el mundo gregario, el rebaño, la familia demandan el concepto «dependencia a».

Esta conciencia, el reconocimiento de mis grandezas y mis vulnerabilidades me obliga a reclamar el derecho a defender mi dignidad, a enfrentar el paso decisivo con miedo, asustado, pero mirando de frente, sin pestañear a mi muerte.

DOMINGO, 25 DE MAYO DE 2025

23:22. Hora de acostarse. Aparentemente todo está en orden. He cenado y he ingerido los medicamentos. Amanda está en el dormitorio conmigo.

La he obligado a dejar todas sus tareas, está físicamente agotada. Ha sobrepasado con creces el límite de su capacidad física, aun así la veo aplicada a la tarea de ordenar los armarios del dormitorio, al menos así la tengo a la vista.

Para mañana lunes los planes son como siguen: durante el día llegará Clara, mi cuidadora; por la tarde tengo una entrevista aquí en mi casa con Anastasia, mi abogada, quien me va a asesorar legalmente con los medios de comunicación sobre mi identidad pública, en otras palabras, quién es el autor del libro póstumo *Conclusiones*. Ya he planteado con creces por qué he decidido revelar mi identidad con vida. Me explico: en un principio cometí el error de presionar a mi hermano y a Juan para que se hicieran cargo de los trámites de la publicación…

DOMINGO, 25 DE MAYO DE 2025

23:36. Y tratar con los medios todo lo referente a mi identidad. Al poco comprendí que las promesas que recibí eran baldías, una manera de soslayar, ganar tiempo para eludir la responsabilidad hasta que yo estuviese fuera de la escena, lo que dejaría a mi esposa en una situación de extrema vulnerabilidad frente a, digamos, «sus adversarios».

En esta etapa de mi vida de enfermo terminal, la vida me ha enseñado la última lección: no confiar en nadie, solo en mí mismo. Como diría el amigo Nietzsche, «somos humanos, demasiado humanos».

Tengo a mi muerte pisándome los talones, me siento seguro, estoy luchando por lo que es mío.

Además, tener control sobre mis actos me fortalece, me siento más confiado, aun con el cuerpo enfermo que ya apenas me sostiene.

El mundo es lo que es. Amanda y yo somos fuertes. Yo soy el Odiseo regresado que lucha por lo que es suyo, mi pelea y mi victoria están aseguradas.

Me he otorgado a mí mismo un par de días.

DOMINGO, 25 DE MAYO DE 2025

23:51. Concluir el manuscrito y enviárselo a Carlos, a partir de ahí todo queda en manos de Amanda y de las mías propias.

La prensa averiguará mi identidad y ello ayudará a que este libro cobre difusión.

Desde estos momentos el mundo seguirá su curso normal. Yo podré irme en paz, con un poco de suerte podré investigar las características y pormenores del otro lado.

Estoy convencido de que somos un producto deteriorado de una de las primeras pruebas de un fallido intento de crear al hombre y a la mujer verdaderos.

Me gustaría que me permitieseis compartir con todos vosotros la temeraria hipótesis de que somos los desechos de uno de aquellos intentos de crear una raza de «creadores».

LUNES, 26 DE MAYO DE 2025

00:00. ¡Te he ganado un día, muerte! Me siento pletórico de fuerzas, dispuesto a todo. No padezco dolor o molestia alguna, estoy fuerte de ánimos. Todo en orden. Es una sensación de plenitud muy peculiar. Hasta el momento, bajo control. Ya he tomado mis decisiones respecto a la familia y los amigos:

1. Familia: Amanda, eso es todo.
2. Amigos: No lo he decidido aún.

El mundo es amplio, el hombre es un ser con un alto componente de dignidad impreso en el ADN. Puede que seamos las creaciones de las creaciones de los creadores originales. Todo este batiburrillo de creaciones enfrentadas son las causalidades de las acciones de nuestros predecesores. «Nada es lo que parece». «Nadie es quien cree ser». «Dejemos a los muertos morir en paz».

Lugar habrá para renunciar a sus falsas expectativas mundanas convertidas en urgentes necesidades. El amor no lo es todo, las grandes batallas se libran a campo abierto. Las sombrías soledades de los bosques son para lamerse las heridas recibidas y rumiar los inimaginables sutiles fracasos.

LUNES, 26 DE MAYO DE 2025

0:29. La noche está a dos pasos, la puedo intuir a través del largo ventanal que intenta separar mi mundo luminoso del otro lado, el de los sanos.

El sonido del mundo de fuera es más refrescante, más llevadero, pero solo en apariencia. Al final todo se reduce a la misma ecuación: mentir es válido, superar los desenlaces, caiga quien caiga, definir la realidad a la medida de las decadencias de cada cual. Solo la muerte libera, la vida es la magia redentora pero tóxica.

LUNES, 26 DE MAYO DE 2025

23:35. Jornada muy productiva la de hoy. Anastasia, Amanda y un servidor mantuvimos la reunión tal y como estaba prevista. Dio buenos resultados, con seguridad organizará algunas entrevistas con las cadenas de mayor audiencia especializadas en estos temas y con la prensa amarilla.

Mientras tanto, dejo que la vida siga su curso. Probablemente tomaré un descanso, cerraré los ojos y despertaré al cabo de una hora o dos para continuar con la tarea que me he impuesto.

Amanda está muy aliviada con el cariz que están tomando las cosas. Los dos mundos parecen vibrar sintonizados armónicamente para que podamos comunicarnos.

Las ideas fluyen claramente. Mi cuerpo, desafortunadamente, está agotado.

MARTES, 27 DE MAYO DE 2025

0:14. Otro día ganado a la muerte, es una agradable noticia, pues me permitirá seguir trabajando por la mañana. Me habría gustado muchísimo salir de vez en cuando a pasear, respirar el aire de mi Sevilla.

Venir a morir en Sevilla, entre mi gente, a la que amo por encima de cualquier otra emoción. Sevilla, la africana, judía y cristiana pese a quien le pese…

Ahora sí debo cerrar los ojos…

Martes, 27 de mayo de 2025

0:44. Estamos rondando la medianoche, cerca de la una de la calurosa madrugada. En la imaginación, el amarillento verdor de los frutos del lozano limonero orgullosamente afianzado a la tierra.

Martes, 27 de mayo de 2025

5:33. Ahora, a las cinco de la madrugada, despierto e incorporado en mi cama, observo con asombro la densa y silenciosa oscuridad que sostiene con amor maternal los temores que yo pretendo ignorar. Son las manifestaciones de mi conciencia que se niegan a ser relegadas a los estériles campos de la ignorancia.

Por ahora, esos temores aguardan. No pueden salir a la luz, no lo permito. Sigo fiel a mis propósitos de no perder la entereza llegado el momento. Esta es una tarea gigantesca, la muerte atemoriza.

Morir es dar un paso hacia un vacío desconocido. La conciencia no puede racionalizar el concepto de «la nada». No puede hallar una referencia donde anclarse y ser capaz de diseñar situaciones «reales» hacia las que dirigirse.

Sin embargo, en los mundos de los enfermos terminales todas estas elucubraciones estrictamente intelectuales están de más.

El enfermo terminal «sabe» lo que es la nada. Conoce directamente desde los sentidos la existencia de su solitario mundo, donde solo impera un elemento: «la sombra carente de luz». La nada, el vacío absoluto. Para el enfermo terminal la nada se traduce en soledad.

Martes, 27 de mayo de 2025

5:55. Espero paciente a que sean las seis de la mañana para incorporarme y dar comienzo a una nueva jornada. Mi esposa y yo hemos alcanzado un tácito acuerdo: si me aseguro de que puedo caminar con mi andador sin perder el equilibrio, tengo su permiso para sentarme a mi mesa en el salón y dar comienzo a mi rutina de trabajo.

1. Tomar un medicamento previamente depositado por mi esposa a los pies de la figurita de un sonriente Buda.

2. Medir la presión arterial y anotarla junto con la hora y la fecha.

3. Esperar una hora desde la toma del medicamento antes mencionado y una taza de compota de manzana, seguida de un café negro con sacarina.

4. Finalmente, poner una alarma en el teléfono para las 10:00, que será el momento del desayuno y la toma de todos los medicamentos, que se repetirá al cabo de las doce horas.

Miércoles, 28 de mayo de 2025

22:26. Cerca de las once de la noche, en mi nuevo horario, he cenado y me he tomado los medicamentos, excepto la inyección de cortisona y las cuarenta gotas del ansiolítico que, entre otras cosas, me permite dormir plácidamente.

Estoy cómodamente sentado en la silla de ruedas corrigiendo lo escrito en el día de ayer.

Como siempre, me encuentro fuerte de ánimo, las únicas preocupaciones que padezco están relacionadas con el proyecto *Conclusiones*. Me preocupa hasta cierto punto. Lo importante es que el libro se publique después o incluso antes de mi muerte.

Necesito contar mis íntimos sentimientos, pues a medida que los días pasan, las rutinas de esta dimensión que me posee se manifiestan o, debería decir, «se normalizan» en relación con los niveles de molestias, padecimientos de dolores, en estos momentos.

MIÉRCOLES, 28 DE MAYO DE 2025

23:59. Por ejemplo: estoy preso de una agradable placidez producto de la medicación recibida, que me obligará a cerrar los ojos durante varias horas.

El hombre es un animal de costumbres, incluso la espera de la muerte inminente se normaliza si se extralimita el tiempo suficiente acogido a los cuidados paliativos domiciliarios. La espera es más llevadera, más amable. El precio a veces es la pérdida de la paciencia, sobre todo de los allegados, aunque también podría darse entre el enfermo terminal y los amigos.

El cáncer es imprevisible, cada enfermo es un caso especial, diferente, pues entran muchos factores en juego: situación familiar y económica, relación, filosofía aplicada a su forma de entender la vida…

JUEVES, 29 DE MAYO DE 2025

0:13. De analizar y sopesar la propia existencia…

Querida amiga muerte, hoy te he ganado esta batalla… El jueves ha comenzado. Yo estoy dispuesto no a desafiarte, porque esto no entra en mis planes, solo a aguardar paciente y activo, atento a las señales y los signos que anuncien tus arremetidas.

Quizás —lo pienso muy a menudo— debería agradecer los desvelos de tus ataques. «No hay mal que por bien no venga». Estoy a tu disposición sin condiciones, como un niño enfurruñado. Tu anunciada aparición sacudió mi desidia, despertó mi conciencia y me ayudó a erigirme para salvar el atemorizante abismo que se abre ante mí.

Mi soledad voluntaria comprobó, sopesó y equilibró mis carencias contra mis egoísmos. Amanda nuevamente devino mi roca impenetrable, que no permitiría que la maldad me hiciese daño. Estoy convencido de que incluso después de muerta acudiría en mi ayuda para salvaguardarme, evitarme sufrimientos innecesarios.

Hoy desearía compartir con todos vosotros un tema muy trillado en el mundo «normal» de los sanos. Pues a diferencia de las angostas limitaciones de las angustias derivadas de la fatídica fase tres del cáncer que padezco, el amor ocupa el lugar más relevante.

Para ayudar a sobrellevar la enfermedad y el bien morir del enfermo terminal, el amor es el ingrediente que si faltase impediría que el tratamiento diera los idóneos resultados. Por suerte, a mi estado de ánimo le sobra el amor incondicional que Amanda me regala cada segundo de su vida. Sus ojos se niegan a mantenerse abiertos… Al cabo de unos minutos, los abre con tozudez.

Jueves, 29 de mayo de 2025

1:07. Hoy jueves he previsto las trescientas páginas del manuscrito para enviárselas al editor. Una vez despachada la tediosa tarea de corregir —las correcciones siempre lo son—, me embarcaré en algo más estimulante: escribir unas tres mil o cuatro mil palabras de un relato corto que tratará sobre la importancia del nivel de estudios del enfermo terminal a la hora de discernir cuál sería el tratamiento idóneo por el que decidirse.

Aunque no entra dentro de mis propósitos descargar ingentes cantidades de cifras, datos, pues para ello están los profesionales del campo médico. Prefiero enfrentar estos asuntos desde un prisma humanista, filosófico, más acorde con mis conocimientos. Como escritor adoro describir gestos, actitudes complejas de los maravillosos seres humanos, tan ricos y vulnerables a las influencias que nos arrastran por la vida con sus caprichos. Somos los esclavos de las circunstancias imprevisibles, a veces irremediables, que se dirían «faltos de la conciencia de sí».

Jueves, 29 de mayo de 2025

1:23. Realmente, el drama de la vida es de una rica complejidad digna de ser admirada, estudiada en profundidad.

Un detalle incuestionable que tiene lugar cuando el enfermo terminal enfrenta la brutal realidad que supone su enfermedad en «soledad».

Efectivamente, está solo, ese desconcierto inicial le invade con una apabullante totalidad. No es la soledad voluntaria propia del cansancio producido por la eterna repetición de los mismos errores cometidos una y otra vez en los demás. Esta vez la soledad es la negra espera absoluta, es la soledad indiferente.

JUEVES, 29 DE MAYO DE 2025

6:45. En la página anterior di por concluido el libro, listo para ser corregido y enviado a la editorial para comenzar con el proceso de su publicación.

No obstante, mientras esté con vida seguiré documentando el día a día de mi enfermedad para que, si resultase pertinente, se añada a una segunda edición más amplia.

En las páginas que seguirán anotaré los días que le vaya ganando a mi muerte.

JUEVES, 29 DE MAYO DE 2025

6:10. Definir la soledad del enfermo terminal no es tarea fácil de emprender. Hay que tener en cuenta que hay un proceso de adaptación a una realidad diferente que debe ser asimilada, procesada y aceptada.

La muerte es, en la mayoría de los casos, la dulce compañera que libera al hombre de sus interminables sufrimientos, la liberación. Sin embargo, no deja de ser una situación traumática, susceptible de realzar todo un conjunto de encontradas sensaciones.

8:33. Estoy sufriendo un fuerte ataque de dolor en el bajo vientre, es importante. Lo estoy documentando como puedo.

Amanda ha acudido en mi ayuda, me está inyectando morfina en el vientre, además de toda la batería de medicamentos recetados por mi doctora de los cuidados paliativos.

Tengo entendido que el dolor remitió al cabo de unos veinte minutos. Cuando desperté, mi enfermera y Amanda se encontraban de pie frente a mí observando mi vuelta al mundo de la vigilia.

JUEVES, 29 DE MAYO DE 2025

21:11. Desde mi despertar hasta ahora, he trabajado en la corrección de *Conclusiones*, que, por cierto, va a ser rebautizado (aún estoy considerando diferentes títulos).

El manuscrito, de doscientas treinta páginas, está listo, sé que el final puede llegar en cualquier momento.

La urgencia de publicarlo o al menos gestionar el papeleo de su publicación en vida se debe a que sería muy frustrante dejar el proyecto a medias, pues temo que Amanda ceje en su empeño de terminarlo.

Espero y deseo con todas las fuerzas de mi voluntad y corazón que no llegue a darse el caso de estos temores.

Pero ¿quién sabe? Todo ocurrirá como tenga que suceder. Amanda es decidida, voluntad no le falta. Estoy convencido de que la mismísima vida no es rival para ella.

Jueves, 29 de mayo de 2025

23:28. Me gustaría hablar de tantos temas, discutir, analizar, estudiar los mágicos asuntos que nos relacionan con la naturaleza de las cosas.

La ciencia, por ejemplo, la psicología, las abismales paradojas sobre las que nosotros, vulnerables criaturas, edificamos nuestras certezas. Es por eso por lo que he tomado la decisión de seguir manteniendo este diario hasta llegada mi hora, a sabiendas de que posiblemente nadie leerá las últimas entradas de este.

Lo cierto es que no me resigno a dejar de escribir, necesito compartir mis sentimientos con aquellos que pudieran leerme algún día; quizás se deba también al inmenso ego que revolotea a mi alrededor, aunque yo no sea consciente.

El caso es que, como ahora, me siento impelido a trazar palabras que en su momento cobren algún sentido… El cáncer me obliga a escribir.

Jueves, 29 de mayo de 2025

23:47. Mi enfermedad ha despejado la intuición que conecta los canales que se comunican entre sí.

Las ideas, la conciencia y la fuerte necesidad de prescindir de las máscaras, esas molestas caricaturas que estamos obligados a llevar en las vidas cotidianas. Desde que tengo la certeza de mi muerte, comprendo la inutilidad de tales medidas aparentemente preventivas. ¿Qué previenen? ¿De qué o de quién?

Amanda está en su lado de nuestra cama. Escribe atareada en un precioso libro con tapas de rugoso cuero, es un diario que le he regalado. Le he asegurado que escribir será como charlar conmigo cuando yo ya no esté. Me resulta conmovedor verla aplicada escribiendo sus entradas en el bonito manuscrito antiguo.

¡Vida…, vida! A veces llego a pensar que te entiendo. En cuanto a ti, muerte, preferiría no hacerlo; admitirte es lo único que se me ocurre.

Viernes, 30 de mayo de 2025

23:44. El viernes empezó mal, aunque por fortuna mejoró a medida que transcurrió la jornada. El nuevo portero automático recién instalado ha dejado de funcionar. Isabel, la cuidadora, tuvo que esperar en la calle hasta que un vecino le abrió la puerta.

Entablamos una desagradable discusión, y al final comprobé que, efectivamente, se presentó para trabajar a la hora convenida. Sin mediar ni un segundo le hablé… Reconocí mi error y le ofrecí mis más sinceras disculpas, que Isabel aceptó sin dudarlo. Es una sensación agradable reconocer los errores sin que por ello se aposente en la conciencia el manido «complejo de culpa», implantado en nuestros cerebros anquilosados por las cargas esculpidas en nuestras conciencias dolientes «humanas».

Deshacerse de esos pesos muertos es uno de los síntomas que delatan que el enfermo terminal ha logrado abandonar el mundo de los «sanos».

Sábado, 31 de mayo de 2025

00:00. Querida vida, querida muerte, hoy sábado 31 de mayo os he ganado la batalla. He logrado sortear la crisis que estuvo a punto de estallar, trabajé en este diario, y al cabo de unos treinta minutos me detuve y pensé: «¿Por qué no tomar un largo descanso?». Este sábado y mañana domingo descansaré, limpiaré mi cabeza de pensamientos radicales.

El tiempo avanza, marca un nuevo ritmo que hasta hace unos meses me era desconocido.

Escribo muy relajado. Amanda, a mi izquierda en la mesa, introduce palabras en el libro de tapas de cuero antiguo, que ha empezado a usar como su diario. Es un gozo verla tan concentrada en la nueva tarea que se ha impuesto…

¡Bien por Amanda! Mantener tus pensamientos guardados en el papel te servirá de mucho para que me tengas en tu memoria cuando me haya ido. Los dos mundos, el de los sanos y el de los que nos iremos a no tardar, no son compatibles.

Sábado, 31 de mayo de 2025

0:23. Necesito plasmar mis ideas, por muy obtusas que estas puedan parecer, en este diario para que no desaparezcan invisibles. Estoy convencido de que la verdadera muerte es arrojar a la nada las ilusiones, derrotas y victorias sucedidas a lo largo de una vida.

DOMINGO, 1 DE JUNIO DE 2025

18:24. ¡He conseguido alcanzar junio! Todo un logro. Aquí estamos Amanda y yo tumbados en la cama. El cuarto nos arropa con sus agradables claroscuros. Guarda un respeto absoluto por nuestras personas.

Me siento el ser más afortunado del mundo en estos mismos segundos, cada instante de mi tiempo supone un regalo de un valor incalculable.

Estoy satisfecho del rumbo que está tomando mi rutina. No padezco dolor alguno, la hernia ha dejado de molestarme, tengo mucho apetito, y gracias a mi esposa me alimento muy bien: fibra, proteínas, carbohidratos… De todo.

Mi ánimo no ha menguado, continúo escribiendo. Estoy embarcado en otro relato corto, de unas diez mil palabras, que ya posee un título provisional: *El hombre que se enamoró de su muerte.*

DOMINGO, 1 DE JUNIO DE 2025

23:18. Otra jornada a punto de terminar en el recuerdo. Sí, efectivamente, del último proyecto… Acabo de recibir una muy agradable noticia: Conchi, mi doctora de cuidados paliativos domiciliarios, ha escrito un prólogo para *Conclusiones.* Mañana lo envío a la editorial. ¡Gracias, Conchi!

Otras noticias: he cenado bien, no padezco molestia alguna. Gracias al personal de paliativos, a mi esposa y a la vida por regalarme estos días de calidad y permitirme empuñar la pluma, me siento muy afortunado. Hoy no puedo documentar nada desagradable, aunque… hay un pequeño detalle discordante.

Mi hermano envió un lánguido mensaje con un fuerte aroma a desapego: «¿Ya has terminado tu libro?». La verdad, no sé qué responder. Imagino que la respuesta más coherente debería ser: «Estoy en ello».

DOMINGO, 1 DE JUNIO DE 2025

23:34. Los dos mundos ¡son tan distintos! Los familiares sufren en exceso las desgracias del enfermo terminal…

Voy a intentar convencer a mi hermano de que siga con su vida, que ante mí no tiene que justificar nada. Ya sufrió suficiente con la enfermedad y muerte de mi madre, además de la separación de su esposa. Al fin y al cabo, hemos sido hermanos por un corto periodo de tiempo. Trataré de convencerlo de que siga adelante con su vida sin mí.

Amanda es la única familia con la que cuento, esa es la cruda realidad… Todas estas notas que escribo son posibles gracias a ella. Sin Amanda no tendría las fuerzas necesarias para mantener el ánimo.

Hablemos de la necesidad terminal de contar con el apoyo de personas «del otro lado». Repito que la magia reside en el amor de los allegados, los doctores, los enfermeros, los asistentes de los cuidados paliativos. Nunca me cansaré de repetir mis más sinceros agradecimientos.

LUNES, 2 DE JUNIO DE 2025

0:01. La labor que hacéis es tan descomunalmente humanitaria, tan desprendida… Gracias a vosotras y vosotros he recuperado la fe en el género humano…

Hoy le he ganado otro día a mi muerte, ya estamos a lunes 2 de junio.

Incluso le estoy agradecido a mi muerte por permitir estos días de más acostado en mi cama tomando estas notas… Viviendo, soñando que quizás existan universos más amables limpios de sufrimientos.

Los relatos que estoy escribiendo, con seguridad, se añadirán al diario *Conclusiones* a mi muerte, deseo de todo corazón que se publique otra edición completada con todo lo que escribo ahora en estos momentos y en los futuros días que la vida lo permita.

Uno de los relatos que acabo de mencionar, una especie de ensayo sin muchas pretensiones intelectuales de mi parte (ya tengo algunas páginas desarrolladas), analiza el sentido de la culpa en el mundo occidental y cómo afecta al enfermo terminal a la hora de tomar su decisión por los tipos de cuidados que prefiere.

LUNES, 2 DE JUNIO DE 2025

0:36. Las creencias judeocristianas del «pecado original» entran de lleno en lo relacionado con los asuntos de las enfermedades terminales, sobre todo con el enfermo de cáncer. La actitud con la que este debe aceptar los sufrimientos producidos por la propia enfermedad, añadidos a los invasivos tratamientos derivados de los vanos intentos —a veces— de alargarle la vida al sufriente enfermo, poniendo en tela de juicio si este desea vivir menos. Fallecer sin dolores, plácidamente, al ponerse en manos de los cuidados paliativos, en mi caso domiciliarios.

LUNES, 2 DE JUNIO DE 2025

0:44. Si dispongo de tiempo suficiente, dejaré listo el ensayo en unos cuatro o cinco días para añadirlo al proyecto *Conclusiones*.

Ya pasada con creces la madrugada del lunes, escribiré un poco más hasta que el sueño me venza.

Junio se ha presentado bastante caluroso. Esta madrugada la intuyo plena de estrellas, acariciada por una templada brisa. Justo ahora, según mi teléfono, tenemos una temperatura de veintidós grados centígrados.

Añoro mucho pasear en madrugadas como estas por las orillas de mi Guadalquivir, caminar por la calle Betis bajo esa mágica negrura. ¡He soñado tantas historias de ojos verdes templando arábigos sonsonetes andalusís! ¡Cuántos sueños pensados y realizados al cobijo de los amaneceres!

LUNES, 2 DE JUNIO DE 2025

1:18. ¡En las plazuelas! Amigos, los que ya no estáis aquí, pienso en vosotros y me conmuevo con el arte que dejasteis a vuestro paso por nuestras calles de Sevilla.

Manuel, Paco, Camarón, Carmelilla, Jesús, Antonio y tantos otros. Gracias por dejarnos tantos y tantos legados para los que llegaron después a la vida. ¿Qué sería de nosotros sin el arte? ¿Qué de la vida sin la música?, dijo el poeta con toda la veracidad que otorga poseer un corazón honesto.

«Amo al amante que gime de felicidad y desprecio al hipócrita que reza una plegaria».

Gibran me martillea el alma, Federico rompe mi corazón en desatadas lágrimas imparables, sufro su irreparable deterioro ungido con el eterno amor de su sempiterna Fanny. Withman ensancha mi vaciado pecho con sus acústicas verdades, irrealizables, sus *Hojas de hierba* que nunca se marchitarán.

En verdad os aseguro que es la prueba final de las calidades de los hombres, mujeres y niños…

LUNES, 2 DE JUNIO DE 2025

1:38. Que se abrazarán indomables justo a la llegada del ocaso de los tiempos. He vivido, luchado, vencido, incorporado, huido preso de perezosa cobardía. Le temo tanto a la muerte que no le perdonaré derrengarme incondicionalmente. Me lo debo a mí, a Amanda y a los espectadores que lean, para que al final puedan calibrar y decidir: «Paco Albiac al final supo hacer de su vida un ejemplo de cómo morir lleno de amor y dignidad. Que su lucha no haya resultado en vano, que los amores soñados solo se sueñan. Los amores verdaderos se saborean en los platos dorados de las indecibles entregas creadas por las almas libres que sacrifican sus vidas entre los sanos y las horas angustiosas de las partidas de sus cuerpos no factibles para seguir luchando».

Desechar no significa siempre vencer. La lucha se decide cuando el corazón herido sin la justicia establecida decide darlo todo, dispuesto a morir en el empeño por ver al niño sobrevivir tintado de rojo sucio.

LUNES, 2 DE JUNIO DE 2025

16:04. ¡Benditas sean las almas libres a quienes no les importan las urgentes negaciones, acongojadas, vencidas, humilladas al besar la mejilla de su maestro por unas pocas monedas de plata!

LUNES, 2 DE JUNIO DE 2025

23:52. Este lunes ha producido buenos frutos en mi estado de ánimo. He dormido profundamente durante muchas horas, me sentía totalmente agotado. Amanda y Clara prácticamente me obligaron por las bravas a meterme en la cama. Tomé los medicamentos y… he dormido hasta ahora (23:50). Un detalle que quizás sea relevante: he sudado abundantemente, y continúo ganando peso. Carlos tiene buena parte del manuscrito, fotos, vídeos, cubierta y contracubierta para la obra, para la edición y posterior publicación.

Esta semana Conchi, mi doctora de paliativos, me ha prometido que se llegará a mi casa junto con su equipo médico para echarme un vistazo.

El balance de mi estado es el siguiente: ya no padezco molestias derivadas de la hernia o la próstata, la cabeza tampoco me da guerra, los tumores de la garganta parecen haberse puesto de acuerdo para darme un respiro. No sé qué pensar de estos síntomas. ¿Son de buen o mal augurio?

MARTES, 3 DE JUNIO DE 2025

0:09. Muerte, vida, os he ganado un día. Es martes de madrugada, por cierto, bastante calurosa, veinticuatro grados centígrados. Mi estado de ánimo sigue fuerte, inamovible. Tengo la fuerza para mantenerme y mirar de frente a mi muerte. Hoy pude comprobar la fortaleza de mi estado de ánimo. Me explico.

Sobre las nueve de la mañana de ayer estaba sentado en mi parte de la mesa habilitada en el salón, cuando súbitamente me sentí agotado por momentos, sentí que me estaba yendo. Como pude mandé un mensaje a Amanda urgiéndole a que se viniera a casa. No tenía fuerzas, literalmente me moría. Amanda llegó en unos cuatro minutos más o menos. Ella y Clara me tomaron en sus brazos para dejarme tumbado en la cama. Sin embargo, les dije: «No me acostéis, mantenedme erguido, quiero morir de pie». Así lo hicieron. Obviamente, estoy aquí describiendo el incidente.

MARTES, 3 DE JUNIO DE 2025

0:02. Mi intención para con la muerte seguía inalterable, quería morir de pie. Habrá, entre aquellos que lean este diario, quienes sonreirán con cierto aire de sarcasmo. No lo hagáis, por favor, para mí fue relevante, la prueba de mi fuerza…

Es la una de la madrugada, voy a intentar dormir.

Buenos días a todas y todos. Buenos días, querido diario. Ahora son las 8:35 de la calurosa mañana del martes. Tengo una ingente cantidad de tareas por delante, ya veremos cómo me hago cargo de todas ellas.

Hay un leve conato de dolor localizado en la zona de la lengua y el antiguo centro de dolor en la sien derecha. Por el momento no puedo precisar nada más.

¡Hay tantos proyectos que me hubiera gustado terminar! ¡Tantas ideas fabulosas que necesitan ser narradas!

MARTES, 3 DE JUNIO DE 2025

23:20. Querido diario, tenerte de confidente ahora significa que le das sentido a mi vida. Eres el herrumbroso ancla que me mantiene firmemente atado a la vida.

Esta tarde he recibido buenas nuevas de mi abogada, Anastasia. Vamos a firmar un contrato de representación para legalizar entrevistas con Mediaset, esto significa que habré de vérmelas con mi hijo y, posiblemente, con su esposa. Así debería ser, «el tiempo de las caídas de las máscaras debe suceder». Estoy intentando promocionar «cultura, conocimiento». Las culpas pertenecen al pasado…

En otro orden de cosas, el estado de mi enfermedad continúa estable, no padezco molestias, dolores ni sufrimientos excesivos.

Escribir es lo que importa, todo lo que ahora escribo llegará a las manos de alguien, algún día se publicará e inspirará a seguir pasando el relevo a los siguientes héroes de esta ardua carrera plagada de obstáculos.

MARTES, 3 DE JUNIO DE 2025

23:38. Es complicado desnudar el alma, padecemos del «heredado síndrome de la culpa» que impulsa nuestra educación judeocristiana.

El hombre no puede ser «el heredero del pecado original» porque tal pecado nunca existió. Ningún Ser Supremo nos acusa de tal falta o pecado.

El paraíso terrenal es la vida misma llena de torbellinos y bonanzas.

Somos hombres libres, caminamos erguidos, nos merecemos todas las satisfacciones y el amor del mundo. El dolor físico es indigno y debe ser erradicado a toda costa.

Carta a mi dolor

Esta nueva vida que tan pronto ha llegado a mi regazo, negligente entre los pliegues de mi flácido vientre.

Mi dolor es impaciente, nunca acepta interrupciones, es serpentino, impetuoso, metálico, mas no traicionero. Mi dolor no tiene nombre, es un doloso caballero.

Mi dolor se regodea sin ansias, alejado de las impaciencias que se esparcen y serpentean por las tintadas cavidades de los recogidos recuerdos de tantos sucesos felices, a pesar de las puertas abiertas expeditas e insalvables de todos los vientres que sufren y viven, las brutales sinfonías de las estelas acaecidas al paso de los sufrientes espectadores de las cabalgatas de mis dolores.

Dolor, ¡llévame contigo, sáciate si es lo que quieres! ¡Detén mis esperas!

Eres la turbia ciénaga que perpetúa las impurezas de mi cuerpo erguido. Yo me duelo, ¡no me doblego! ¡No te deseo, no te huyo!

Dolor, no eres nada, eres nada, eres humo, un verano desnudo, un tórrido fuego sin llamas, una noche sin estrellas, un espejo desvelado, una antigua herida flagelada a destiempo de las horas enconadas por los jirones de los tiempos de las muertes anunciadas.

Dolor, no eres nada, no te asumo...

BREVIARIO

Eres la hacedora
de la intimidad infalible
que desgrana una a una
las células del sentimiento,
que diseña las impresiones
de tu corazón y el mío.

CONFESIONES (BREVÍSIMO)

Soy la savia nueva renacida
que reverdece las intrincadas estancias,
ausentes en sus durmientes recovecos.
Soy la sala de los espejos vieneses
que se ocultan tras sus propios reflejos.
Mis palabras solitarias, aisladas,
son una cascada de palomas aquietadas,
por las sangres que musitan las heridas,
que bordean las solitarias avenidas,
donde pueblan las básicas ideas,
que amparan mis huérfanos poemas.

EL PERDÓN

Sobre un rugoso altar
que preside la impoluta encrucijada,
del incierto reo condenado,
crecen zarzas requemadas
por unos carbones ardientes,
y una enhiesta bandera
que proclama con orgullo:
«¡Culpable!».
Cubriendo el terroso pavimento,
pace una jauría impaciente
de corderos soñolientos,
quienes rumian inconscientes
sus plácidos alegatos y exclaman:
«¡Culpable!».
El culpado omnipresente, inapelable,
sonríe y regala complacido
un fluido torrente de riquezas,
y alzando las manos y sus miradas,
perdona, y apura las urgencias
de los mansos portadores
de la breve copa de cicuta.

ILUSIONES

La ciudad interpreta sus sonidos nocturnos,
la oscuridad, sirenas lejanas,
autos que circulan veloces,
alguna musiquilla perdida
y…, sobre todo,
oscuridad nocturna
con jirones fluorescentes,
o alejándose de la soledad,
cuerpos casi desnudos
que se juntan aliento contra aliento,
y voces que se tornan histéricas,
excitadas, alcohólicas.
¡Todo es tan real!
Hasta se podría pensar
que Dios existió alguna vez…

REQUIEBROS

Estos versos libres que te ofrezco
no son dádivas ni promesas,
son certezas soñadas que cabalgan
por las ocultas estancias de tu cuerpo,
que añoran inquietas, sin barreras,
mis ojos, mis manos… y nuestros sueños.

SECUENCIAS

Hay un mágico rincón
recogido humildemente
entre los recatados lugares
que habita mi corazón.

Una esquina donde los sentimientos
no enfrentan mis realidades,
son las verdaderas victorias
del otro, el que me solicita.

El que me consuela a la llegada
de las horas turbulentas,
los hilos emponzoñados
que destilan obtusas imposiciones.

Él desmenuza las situaciones
y separa las sequedades
de los compasivos monólogos,
que refrescan mi yo inerte.

SILENCIOS

Para mi esposa, Amanda

Estas notas que prosperan indelebles
serán las amorosas caricias
que arrullarán tus noches plateadas
cuando yo ya no esté.
Ni siquiera oirás mi corazón palpitar
al compás de tus tristezas,
ni perladas lágrimas sedientas
que agosten las sagradas maravillas
de nuestras conciencias compartidas.
A cambio, reclamo para nosotros
un amor colmado de recuerdos libres,
avezados en las mil y una batallas
libradas sin descanso,
cuando tú no sabías y yo…
no hablaba.

En la primavera de Sevilla de 2025

UNIVERSO

Despierto, contemplaba maravillado
las inefables sensaciones prometidas
por la gloriosa mañana liberada,
que le mostraba las vastas soledades…
Ilusorias banales realidades,
mecidas en las inútiles balanzas,
donde se miden los grises infinitos,
huérfanos de respuestas y preguntas,
ciegas memorias vacías, denegadas,
por el indiferente espectador olvidado…

A los cuidados paliativos

No podría escribir esta reseña sin decir bien alto y claro todo mi agradecimiento a los cuidados paliativos domiciliarios.

Son una luz de humanidad que alumbra la última escena del trayecto vital, con dignidad, compasión y serena esperanza.

Componen la certeza de que aunque la medicina no pueda ganarle la batalla a la enfermedad, la piedad seguirá siendo invencible.

A la vanguardia en la primera línea, los médicos cuidan el alivio integral del dolor, aplican medicamentos con maestría clínica al tiempo que ofrecen palabras que palian el miedo. Con ellos, las enfermeras y los enfermeros arropan la fragilidad con manos profesionales, cambian vendajes, y al mismo tiempo alivian los ánimos con miradas y gestos de proximidad incondicional.

Los psicólogos y los asistentes sociales levantan un refugio que acompañará el duelo. Tras las visitas domiciliarias, el personal auxiliar con sus cuidados de limpieza dignifica la autoestima del enfermo.

Todos y cada uno de estos profesionales, desde el más renombrado especialista hasta el último eslabón de la cadena, componen una maravillosa sinfonía, una melodía que anuncia que morir en amorosa compañía significa vivir todavía.

Gracias a ellos, el hogar del enfermo se transmuta en un inimaginable santuario, el sumun donde desaparecen el dolor y la soledad en universo de ternura.

Los cuidados paliativos domiciliarios no significan la derrota de la medicina, muy al contrario la visten con los ropajes del triunfo. Significan el vínculo que reúne la ciencia con la ética, que hasta el último aliento proclama que el ser humano importa. Por ello, entono aquí su mérito y mi más profunda gratitud.

Despedida, escena final

Si estás leyendo esto es porque he abandonado el escenario. Al final me cansé de esperar a ese tal Godot; en realidad, no estoy en el escenario en el sentido que la vida del mundo lo describe, no me muevo por el teatro ataviado con el atrezo ordenado por el director de la escena final.

Ya no hay necesidad de ropajes ni atavíos, estoy convencido de su inutilidad allí donde me encuentre.

Cuando leáis este resumen del epílogo de esta, a veces, intensa y, otras, enojosa obra, que no sirva de excusa para desatar penas más o menos sinceras; muy al contrario, debe estimular calma. Esa calma que se obtiene después de haber recorrido una larga distancia en una ciudad desconocida para el visitante, que buscaba encontrar un destino que parecía huir de la meta soñada, con torpeza la mayoría de las veces, otras muy despacio, agotado por la infructuosa búsqueda de la huidiza dirección, que parecía escurrirse con particular malevolencia.

Al final encontré el camino, refresqué mis sentidos en una límpida dimensión de luminosas plazoletas, céfiros y lozanas cavidades hechas de porosas muestras de maternales oscuridades amigas.

Yo, Paco Albiac, transformé mis destinos a lo largo de setenta y seis años rumiando ideas, creando realidades hechas a la medida de mis necesidades de joven solitario, decepcionado desde siempre por aquellas a las que me vi arrojado sin pedirlo ni desearlo. Estoy seguro de que morí en mi casa, amparado por la dulce cercanía de mi esposa, Amanda, y del personal de los cuidados paliativos domiciliarios.

Si pudiera rememorar la escena que realmente sobrevino, diría que el sol de una ciudad tan mágica como Sevilla se vistió de gala para la ocasión. Probablemente, sucediese una recogida tarde de otoño o una remolona tarde de verano insospechado, en el salón con la cama de hospital, que seguramente me acogió cuando mi cuerpo, ya cansado de bregar, exigió la quietud que me permitiese interpretar con dignidad el trance establecido entre mi muerte y yo.

Escogí morir en casa, lo hablamos Amanda y yo. Ella me conoce —a veces pienso que incluso mejor que yo mismo— y comprendió enseguida lo que eso significaba… No me había rendido, había elegido con total libertad…

Los cuidados paliativos no significan derrota, como tanta gente piensa. Muy al contrario, son una forma de pelear por el tiempo que le queda al enfermo, como sucede en mi caso. Yo decido que cada minuto cuenta.

Me han ayudado a no padecer los fuertes dolores que me martirizaron durante los primeros días, a dormir sin las angustias y los miedos, a respirar sin agonías. Me han permitido sentirme persona hasta el final, no solamente un paciente.

Gracias a estos, los dos pudimos estar juntos disfrutando de los pequeños placeres habituales, tomarnos un café charlando sobre banalidades e incluso a veces discutiendo por tonterías, que al fin y al cabo son parte de las salsas picantes de la vida.

Gracias a estos, pudimos tomarnos de las manos, fuimos capaces de mencionar la palabra *adiós* sin un ápice de tonalidades melodramáticas.

Amanda, si alguna vez vuelves a repasar esta carta, gracias por haberme hecho sentir que hasta el final seguía siendo yo, que todavía era tu esposo y compañero, que todavía valía…

A aquellos que me hayáis leído hasta aquí, os dejo algo más: no le temáis a la conclusión, no la mejoréis, no la disfracéis, no le otorguéis más poder del que tiene. Si tenéis el privilegio de elegir, escoged estar en casa con alguien verdadero, que os quiera, con la seguridad de que aunque el cuerpo se canse, el amor no se apagará nunca.

No quiero ser recordado por mi enfermedad. Eso fue solamente uno de los tantos vericuetos por los que transita la vida…

Recordad al Paco Albiac que supo enfrentar su muerte con la dignidad que todos los seres humanos poseemos. Pero, sobre todo, que me marché en paz…

Gracias por haberme acompañado hasta aquí.

Agradecimientos

Me gustaría expresar mi más sincero agradecimiento las siguientes personas:

Elena Villareal, enfermera de cuidados paliativos domiciliarios.

Clara Martín Humanes, enfermera de cuidados paliativos domiciliarios.

Isabel Villegas, cuidadora auxiliar de cuidados paliativos domiciliarios.

Concepción Conde, doctora de cuidados paliativos domiciliarios.

Carlos Torres, editor.

Índice